Lenka Newerkla, Naděžda Salmhoferová und Hana Sodeyfi

TSCHECHISCH

Faszination der Vielfalt

Arbeitsbuch 1

2. unveränderte Auflage

2025

Harrassowitz Verlag · Wiesbaden
In Kommission

Abbildung auf dem Umschlag:
Wiener Universitätscampus im Jahr 2000

Die Herausgabe dieses Buches wurde finanziell unterstützt von:

Bibliografische Information Der Deutschen Bibliothek:
Die Deutsche Bibliothek verzeichnet diese Publikation in der Deutschen Nationalbibliographie; detaillierte bibliografische Daten sind im Internet über http://dnb.ddb.de abrufbar.

Bibliographic information published by Die Deutsche Bibliothek:
Die Deutsche Bibliothek lists this publication in the Deutsche Nationalbibliographie; detailed bibliographic data is available in the internet at
http://dnb.ddb.de

© Lenka Newerkla, Naděžda Salmhoferová und Hana Sodeyfi, Wien 2020, 2025
Naděžda Salmhoferová, Spitalgasse 2, 1090 Wien, E-Mail:
nadezda.salmhoferova@univie.ac.at

Das Werk einschließlich aller seiner Teile ist urheberrechtlich geschützt. Jede Verwertung außerhalb der engen Grenzen des Urheberrechtsgesetzes ist ohne Zustimmung der Copyrighthalter unzulässig und strafbar.
Das gilt insbesondere für Vervielfältigungen jeder Art, Übersetzungen, Mikroverfilmungen und für die Einspeicherung in elektronische Systeme.
Gedruckt auf alterungsbeständigem Papier.
Druck und Verarbeitung: Facultas Verlags- und Buchhandels AG
Stolberggasse 26, 1050 Wien
Printed in Austria
www.harrassowitz-verlag.de
ISBN 978-3-447-11435-6

Inhaltsverzeichnis

Vorwort 3

Einführung – Aussprache und Rechtschreibung 4

Lektion 1 8

    Personalpronomen, das Verb *být*, Verneinung 8

    Verben der 3. Klasse (j-Verben), Personalpronomen im Akkusativ 9

    Wie geht es dir? - formelle und informelle Phrasen 10

    Verben der 5. Klasse (á-Verben) 11

    Vokativ 13

    Klassifikation der Substantive 14

    Farben 14

    Harte und weiche Adjektive im Nominativ Sg. 17

    Harte unbelebte Maskulina *starý hrad* im Nominativ und Akkusativ Sg. und Pl. 18

Lektion 2 19

    Verben der 1. Klasse (e-Verben) 19

    Verkehrsmittel im Instrumental bzw. im Lokativ 20

    Ortsbestimmungen auf die Frage Wohin? mit den Präpositionen *do* und *na* 21

    Ortsbestimmungen auf die Frage Wo? mit den Präpositionen *v* und *na* 22

    Ortsbestimmungen auf die Fragen Wohin? und Wo? 23

    Dialoge mit Ortsbestimmungen 24

    Präteritum des Verbs *být* 25

    Präteritum bei regelmäßigen Verben, Wortfolge 27

    Präteritum bei unregelmäßigen Verben 29

    Harte Feminina *chytrá žena* im Nominativ und Akkusativ Sg. und Pl. 30

Lektion 3 31

    Verben der 4. Klasse (í-Verben) 31

    Familie 33

    Possessivpronomen im Nom. und Akk. Sg., das reflexive Possessivpronomen *svůj* 35

    Harte belebte Maskulina *milý pán* im Nominativ und Akkusativ Sg. und Pl. 36

    Adjektive im Nominativ Sg. und Pl., Charaktereigenschaften 39

Lektion 4 40

    Harte Neutra *krásné město* im Nominativ und Akkusativ Sg. und Pl. 40

    Überblick zum Akkusativ Sg. M, F, N: Substantive und Adjektive 41

    Überblick zum Nominativ und Akkusativ Pl. M, F, N: Substantive 42

    Überblick zum Nominativ und Akkusativ Sg. und Pl.: Substantive und Adjektive 45

    Harte und weiche Adjektive im Nominativ und Akkusativ Plural 46

    Verben der dritten Klasse (j-Verben) nach den Mustern *kupuje* und *kryje* 47

    Verneinung, unbestimmte und negative Pronomen und Adverbien 49

    Übungen zum Text der Lektion 4 50

Lektion 5 .... **51**

    Präpositionen 51

    Genitiv mit den Präpositionen *z, do, blízko, u* 52

    Genitiv mit den Präpositionen *od* und *z* 53

    Genitiv der Ortsnamen mit den Präpositionen *do* und *z* 54

    Genitiv der Personennamen mit der Präposition *od* 55

    Genitiv der Adjektive, Demonstrativ- und Possessivpronomen 56

    Adjektive und Adverbien 57

    Zeitangaben, Zukunftspläne 60

    Übungen zum Text der Lektion 5 61

Lektion 6 .... **62**

    Genitiv Plural 62

    Genitiv Plural mit der Präposition *bez* 63

    Verben mit dem Genitiv 64

    Reflexives Passiv, unpersönliche Konstruktionen 65

    Präpositionen *do* und *v* 68

    Ordnungszahlen 70

    Übungen zum Text der Lektion 6 71

Lektion 7 .... **72**

    Harte unbelebte Maskulina *les* mit dem Genitiv auf *-a* 72

    Kardinalzahlen, Zimmerreservierung 73

    Wochentage, Öffnungszeiten 74

    Monate, Jahreszeiten 75

    Genitiv bei Mengen- und Preisangaben 77

    Im Geschäft 79

    Gezähltes Subjekt und Objekt 80

    Entfernungen, Maß- und Gewichtsangaben 81

Lektion 8 .... **82**

    Prädikat beim gezählten Subjekt und Objekt 82

    Deklination der harten und weichen Adjektive 85

    Movierung, Berufe 86

    Deklination der Ordnungszahlen 87

    Bedeutungen der Konjunktion *až* 88

    Konjunktionen *až, když, jestli, jestliže* 90

    Auf dem Bahnhof 91

Vorwort und Danksagung

Seit etwa zwanzig Jahren wird an der Universität Wien, am Institut für Slawistik, Tschechisch nach dem Lehrbuch *Tschechisch, Faszination der Vielfalt* unterrichtet. Nicht nur aus Wien und natürlich aus den umliegenden Nachbarländern erreichten uns Berichte über Tschechischlernende, die dieses Lehrbuch erfolgreich verwenden, sondern auch aus Asien (z. B. Südkorea, Sibirien). Dies führte dazu, dass wir zum Buch auch einen Schlüssel ausgearbeitet und publiziert haben.

Dem wiederholt geäußerten Wunsch nach mehr praktischen Übungen als hilfreiche Ergänzung zum Einüben und zur Festigung der grammatikalischen Strukturen haben wir schließlich Rechnung getragen und nun liegt vor Ihnen das Arbeitsbuch zum Lehrbuch *Tschechisch, Faszination der Vielfalt*.

Zur Veranschaulichung verfügt das Arbeitsbuch über viele Bilder, die wir dankenswerterweise von pixabay (https://pixabay.com/de/) downloaden konnten. Für die Zeichnungen danken wir Mag. Marie Gruscher-Mertl (Schwechat), die traditionell seit den ersten Publikationen mitarbeitet.

Zu unserem Team gehört weiters Frau Oriane Ruttinger (Linz), der unser aufrichtiger Dank für das Lektorieren der deutschsprachigen Texte gebührt.

Viel Neugierde und Freude beim tieferen Entdecken und Umsetzen der Sprache unserer Nachbarn wünschen Ihnen

Lenka Newerkla, Naděžda Salmhoferová und Hana Sodeyfi

Einführung – Aussprache und Rechtschreibung   Buch S. 15 - 19

😊 Üben Sie die Aussprache. Die Beispiele sind häufige Familiennamen und oft verwendete Wörter und Wendungen:

kurze Vokale	lange Vokale	Praktische Beispiele
Lacina, Tvaroh	Krátký, Sedlák	ANO
Blecha, Beneš	problém, bazén	NE!
Růžička, Musil	Jelínek, Císař	
Novotný, Svoboda	móda, gól, tón	DOBRÝ DEN
Kukačka, Suchý	Růžička, Bůžek	
Kyselý, Rychlý	Malý	
	Matoušek, Koubek	NA SHLEDANOU

c – č, s – š, z – ž, r - ř	
citron, centrum	CO?
Sedláček, Čáp, Kukačka	
Svoboda, Sedlák, Veselý	DOST!
Škoda, Hašek, Beneš	
ZOO, zebra, zip, bez	NEROZUMÍM
Žák, Ježek, žirafa, garáž	
Rakušan, Černý, Krátký	PROSÍM
Dvořák, Řehoř, Březina	

ď, ť, ň	d, t, n	
Naďa, ďábel	datum	
Káťa, ťuk ťuk	táta	DOBROU CHUŤ!
Táňa, síň	čeština	MŇAM

dě, tě, ně [ďe, ťe, ňe]	de, te, ne	
dědeček, děti	deset	DĚKUJI
těší mě, kotě	postel	MILUJI TĚ
něco, špatně	nechci	

di, ti, ni [ďi, ťi, ňi]	dy, ty, ny	
divadlo, dívka	tady, mladý	DÍKY!
tisíc dětí	boty, zlatý	ZAPLATÍME!
nic, peníze	noviny, prázdný	PRÁZDNINY

Einführung – Aussprache und Rechtschreibung   Buch S. 15 - 19

😊 **Lesen Sie und üben Sie die Aussprache. Achten Sie auf die Betonung!**

Restaurace Bílá růže

Šunková rolka s křenovým krémem
Uherský salám s okurkou a s paprikou
Bramborový salát se špekem a s cibulí,
bez majonézy
Špagety s česnekem a s olivovým olejem
Palačinky s marmeládou a s čokoládou

....

Pan Miler je šéf firmy Škoda.
Má atraktivní sekretářku a luxusní auto.
Bydlí v moderní vile s bazénem.

Paní doktorka Wagnerová je primářka na klinice.
Má v týmu tři asistenty a dva praktikanty.
Nemá auto, na kliniku jezdí autobusem.

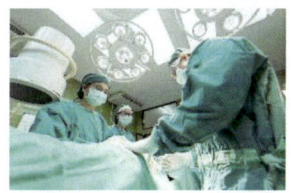

Petr Šulc studuje matematiku a fyziku
na univerzitě ve Vídni.
Po studiu bude profesor na gymnáziu.

....

Tramvaj číslo sedm jede ke stadionu.
Autobus číslo osm jede k nádraží.
Metro U2 jede k muzeu.

Einführung – Aussprache und Rechtschreibung   Buch S. 15 - 19

😊 **Üben Sie die richtige Aussprache:**

Kdo jsi?
Jmenuji se Karel. A ty?
Já jsem František.

Jak se jmenujete?
Kateřina Pátková. A vy?
Já se jmenuji Jiří Příborský.
Jak prosím? Nerozumím.

😊 **Üben Sie die Rechtschreibung und Aussprache:**

| D___ d___ ! |
| D___ v___ ! Jm___ s___ Jan Nový. |
| Js___ r___, ž___ v___ pozn___. |
| J___ js___ Marie Kolářová. |
| T___ m___. |
| M___ tak___. |

😊 **Dialog: Stellen Sie sich einem/r Geschäftspartner/in vor:**

😊 **Üben Sie die Rechtschreibung und Aussprache:**

| J___ s___ jm___, pro___? |
| Jm___ s___ Čáp. |
| J___ pr___? Ner___. |
| Jm___ s___ ČÁP. |
| A___, u___ ro___. J___ j___ Kukačka. |
| J___ pr___? Ner___. |
| J___ j___ KUKAČKA. |
| A___, u___ ro___. Tě___ m___. |
| Tě___ m___. |

😊 **Dialog: Lernen Sie bei einem Festempfang Leute kennen. Es ist sehr laut!**

Einführung – Aussprache und Rechtschreibung   Buch S. 15 – 19

😊 Üben Sie die Besonderheiten der tschechischen Aussprache

Betonung auf der ersten Silbe	Lange Vokale haben einen Strich, kurze Vokale haben keinen	Länge / Kürze der Vokale ist unabhängig von der Betonung	Rollendes R wird nie reduziert		b, d, g sind sehr stimmhaft, p, t, k sind unbehaucht
majoránka	Monika	Dana	večer		buben
marmeláda	Emil	Eva	traktor		pupen
majonéza	Andrea	polévka	bagr		dobrý
recepty	pas	povidla	bratr		tady
s čokoládou	sál	knedlík	Bernhard		Gábi
bez majonézy	drát	dobrý	Petr		kočka
bez receptu	pól	lékárna	Martin		
O ist offen	E, É ist offen und wird nie reduziert	L ist ‚englisch'	ď, ť, ň dě, tě, ně di, ti, ni	d, t, n de, te, ne dy, ty, ny	bě, pě, vě, mě
Otto	René	lila	Láďa	Lada	Alžběta
motor	turné	Klaus	Taťána	teta	pět
baron	aféra	Michael	Máňa	Jana	Věra
móda	Adéla	mluvit	dědeček	deset	město
Haló!	lépe	kalhoty	v bytě	teď	měřit
citrón	Karel	velký	něco	nechci	pro mě
	kostel		radit	tady	
	tunel		platit	tyhle	
	večer		nic	dny	

Lektion 1

Buch S. 24

🙂 **Bestimmen Sie die richtige Reihenfolge von folgenden Personalpronomen und tragen Sie diese in die Tabelle ein:** ty, ono, my, oni, já, ona, vy, ony, on, ona

		ich	wir
		du	ihr
		er, sie, es	sie

🙂 **Tragen Sie die Formen des Verbs být = sein in die Tabelle ein.**
Bestimmen Sie die richtige Reihenfolge: jsou, jsem, jste, jsi, jsme, je

		ich bin	wir sind
		du bist	ihr seid
		er, sie, es ist	sie sind

🙂 **Stellen Sie Fragen und antworten Sie:**
Kdo je to? – To je profesor, doktor, primářka, student, šéf
Co je to? – To je mobil, taška, papír, CD, fólie, tabule
Kde jsi? – Jsem tady, tam, doma, venku

🙂 **Tragen Sie die Formen des Verbs nebýt = nicht sein in die Tabelle ein.**
Bestimmen Sie die Reihenfolge: nejsou, nejsem, nejste, nejsi, nejsme, není

!	

🙂 **Stellen Sie Fragen und antworten Sie:**
Je to Karel? To není Karel, to je ...
Jsi doma? Nejsem doma, jsem venku.
Je to mobil? To není mobil, to je ...

🙂 **Beantworten Sie folgende Fragen:**
Kdo jsi? Otto a Dagmar, kde jste? Jsou Daniel a Zuzana doma?
Kdo je pan Sedláček? Je pan Sedláček tady?

Co je to?

Lektion 1 Buch S. 24

j-Verben (3. Klasse)

😊 **Tragen Sie die Endungen des Verbs jmenovat se = heißen in die Tabelle ein. Bestimmen Sie die Reihenfolge:** -uji/-uju, -ují/-ujou, -uje, -ujeme, -uješ, -ujete

jmen**uji** se	jmen**ujeme** se
jmen**uješ** se	jmen**ujete** se
jmen**uje** se	jmen**ují** se

😊 **Fragen Sie, wie Ihre Kolleginnen und Kollegen heißen:**
→ Jak se jmenuješ? Jmenuje se Karel?

😊 **Tragen Sie die Formen des Verbs pracovat = arbeiten in die Tabelle ein. Diskutieren Sie, wie und wo Ihre Kolleginnen und Kollegen arbeiten:**

– rád / nerad, dobře / špatně, rychle / pomalu, doma / venku

😊 **Wie wird das Verb děkovat = danken konjugiert?**

😊 **Wie wird das Verb milovat = lieben konjugiert? Wer liebt wen?**

😊 **Wie funktioniert der 4. Fall der Personalpronomen?**

1. Fall	4. Fall	1. Fall	4. Fall
	mě		nás
	tě		vás
	ho, ji, ho		je

Miluješ ___? Těší ___, že ___ poznávám. Těší ___, že ___ poznáváte?
Baví ___ škola / sport / fotbal / volejbal / jazz / pop / rock?

Lektion 1

Buch S. 24

😊 Wie geht es dir? Jak se máš?
Lesen Sie folgende Dialoge und wiederholen Sie diese:

informell	formell
Jak se máš?	Jak se máte, paní Šmídová?
Prima, a ty?	Děkuji, dobře. A vy, pane Bílý?
Já se mám taky fajn.	Já se mám špatně.
To je supr.	To je mi líto.

😊 Ergänzen Sie und spielen Sie diesen Dialog:

Do r!	Guten Morgen!
Ah! J se m?	Hallo! Wie geht es dir?
Dí, m se d.	Danke, mir geht's gut.
A j se m ty?	Und wie geht es dir?
J to. N š je z t.	Es geht. Unser Chef ist wieder da.

😊 Korrigieren Sie die Antworten auf die Frage Jak se máš?

🙂	😐	🙁
jnfa	deJ ot. deUj ot.	tněšpa
mapri		cni cmo
prsu		
bředo		
rněvýbo		
→ To mě těší.		→ To je mi líto.

Náš profesor / manažer / primář / trenér / DJ je zase tady.

Lektion 1 Buch S. 24

😊 Lesen Sie den Dialog links und unterstreichen Sie dort alle a-Verben (5. Klasse):

😊 Machen Sie alle Übungen auf der nächsten Seite und ergänzen Sie dann die Lücken im Dialog rechts:

Ahoj Eli.	Ahoj Eli.
Ahoj Baru, jak se máš?	Ahoj Baru, jak se m__?
Díky, dobře. A ty?	Díky, dobře. A ty?
Já taky. Mám dneska volno a jsem ve městě.	Já taky. M__ dneska volno a js__ ve městě.
Jé, ty se máš! Já jsem doma a dělám domácí úkoly.	Jé, ty se m__! Já js__ doma a děl__ domácí úkoly.
Máš jich moc?	M__ jich moc?
Jo. Počítám a počítám a počítám... Miluju matematiku... Moc mě to baví...	Jo. Počít__ a počít__ a počít__... Mil__ matematiku... Moc mě to bav__...
Hehe... rozumím... No a co děláš potom?	Hehe... rozum__... No a co děl__ potom?
Nevím, asi nic. Nemám ještě plán.	Nev__, asi nic. Nem__ ještě plán.
Mám dva lístky do kina na dnes večer. Jeden ti dám. Máš chuť?	M__ dva lístky do kina na dnes večer. Jeden ti d__. M__ chuť?
Jo!!! To je supr. Díky!	Jo!!! To j__ supr. Díky!
Tak dneska v sedm u kina?	Tak dneska v sedm u kina?
Jo, už se těším!!!	Jo, už se těš__!!!
Já taky!!! Čauky!	Já taky!!! Čauky!
Pa.	Pa.

😊 Sehen Sie sich die Bilder an und „telefonieren" Sie mit einer Freundin:

11

Lektion 1 Buch S. 24

😊 **Tragen Sie die Formen des Verbs mít = haben in die Tabelle ein.**
   Bestimmen Sie die richtige Reihenfolge: má, mají, máš, máte, mám, máme

1.	
2.	
3.	

😊 **Dialoge: Was haben Sie und was haben Sie nicht?**

+ peníze, žízeň, čas, mobil, štěstí, telefon, klíč, hlad, kapesník, volno, pas, strach
+ teď, potom, dnes, zítra, ráno, večer
+ tady, tam, doma, venku, v Linci, ve Vídni

😊 **Wie konjugiert man das Verb dát = geben?**

1.	
2.	
3.	

😊 **Dialoge: Was gibst du mir und was gibst du mir nicht?**

+ Dáš mi peníze? Nedám ti peníze, ale dám ti kartu.
+ Dáte nám teď číslo? Nedáme vám číslo teď, ale potom.

😊 **Wie konjugiert man die Verben dělat = machen und počítat = rechnen, zählen?**

1.		1.	
2.		2.	
3.		3.	

+ něco, nic, čaj, guláš, koláče, domácí úkol, peníze, body, příklad
+ rychle, pomalu, rád(a), nerad(a), už, ještě, teď, potom, tady, tam, dnes, zítra, ráno

😊 **Dialoge: Was machst du? Was rechnest du? Was zählst du?**

Co tady děláš? Děláte dnes večer domácí úkol? Co počítáš? Počítáte se mnou?

Lektion 1

Buch S. 9, 10

😊 **Wie bildet man den Vokativ?**

1. Fall		5. Fall
Jana, Petra, Michaela	-a → -o	Jano! Petro! Michaelo!
Marie, Ute, Gabi, Dagmar	=	Marie! Ute! Gabi! Dagmar!
Josef, Martin, David	+ -e	Josefe! Martine! Davide!
Alexandr, švagr, Petr	dr, gr, tr → dř, gř, tř + -e	Alexandře! Švagře! Petře!
Pepík, Jindřich, Oleg	-k, -h, -ch, -g + -u	Pepíku! Jindřichu! Olegu!
Tomáš, Lukáš, Řehoř, Ondřej, Bonifác, Andreas Michael, Daniel, Samuel	ž, š, č, ř, ď, ť, ň + -i -j, -c, -s + -i -ael, -iel, -uel + -i	Tomáši! Lukáši! Řehoři! Ondřeji! Bonifáci! Andreasi! Michaeli! Danieli! Samueli!
Otto, Uwe, Jiří, Charlie	=	Otto! Uwe! Jiří! Charlie!

😊 **Sprechen Sie sich gegenseitig an:** Ahoj Hansi! Jak se máš, Johanno?

😊 **Sprechen Sie Ihre Familienmitglieder an:** Maminko! Tatínku!

😊 **Sprechen Sie sich gegenseitig mit einem Titel an:**

pan doktor, profesor, docent, inženýr, prezident, ministr, ředitel
paní doktorka, profesorka, docentka, inženýrka, prezidentka, ministryně, ředitelka

😊 **Dialoge: Stellen Sie zwei Leute einander vor:**

informell	formell
Blanko, to je Pavel.	Paní Černá, to je pan doktor Vlk.
Pavle, to je Blanka.	Pane doktore, to je paní Černá.
Ahoj.	Těší mě.

Kind + Erwachsene/r
Dobrý den, paní Majerová.
Ahoj Pepíčku, jak se máš?
Děkuji, dobře. A vy?
Já taky.
To mě těší.

Lektion 1

Buch S. 9, 10, 24

😊 **Wie klassifiziert man die Substantive?**

	M	F	N
hart	pán, hrad, předseda	žena	město
	-b, -d, -f, -g, -h, -ch, -k, -l, -m, -n, -p, -r, -s, -t, -v, -z, -a	-a	-o, -um
weich	muž, stroj, soudce	růže, píseň, kost	stavení, moře, kuře
	-ž, -š, -č, -ř, -ď, -ť, -ň, -c, -j, bel. auf -tel, -e,	-e, -ě, Konsonant	-í, -e, -ě

olej	*M unbelebt weich*	cibule	*F weich*
šunka		špek	
křen		salám	
krém		kečup	
okurka		paprika	
majonéza		palačinka	
šéf		firma	
auto	*N hart*	bazén	
klinika		asistent	
autobus		Vídeň	
tramvaj		číslo	
nádraží		metro	
tvaroh		sedlák	
blecha		ježek	
léto		citron	
čáp		žák	
zebra		garáž	
doktor		fotbalista	
DJ		talíř	
rýže		parkoviště	
poradce		student	

Lektion 1

Buch S. 9, 10, 24

😊 Wie klassifiziert man die Substantive?

	M	F	N
hart			
weich			

😊 Wohin gehören diese Wörter? Sind sie hart oder weich?

čas, kapesník, mobil, klíč, stůl, auto, metro, vlak, kolo, taška, kufr, bratranec, dítě, sestřenice, dědeček, tchyně, sestra, zeť, švagr, bagr, papír, počítač, fólie, kuchyň, talíř, cola, ovoce, guláš, čaj, ananas, banán, avokádo, zelí, pomeranč, jablko, citron, cukroví, kost, host, most, pes, prase, kotě, kůň, hotel, přítel, člověk, učitel, dům, náměstí, letiště, nádraží, ulice, stadion, kino, škola, centrum, pivnice, hřiště

čas M unbelebt hart	cola F hart	auto N hart
zeť M belebt weich		

Lektion 1   Buch S. 27

😊 Jaká je to barva?

bílá		růžová
	béžová	
tyrkysová		černá
	žlutá	
modrá		oranžová
	šedá	
stříbrná		fialová
	zelená	
červená		zlatá
	hnědá	

😊 **Stellen Sie Fragen:** Jaká je to barva?

😊 **Tragen Sie in die Tabelle ein, wie Ihr Hund, Ihre Katze, Ihr Auto etc. ist:**

šála, mobil, vesta, kakao, kapesník, kolo, vila, víno, rádio, bazén, dům, moped, kůň, jablko, kočka, pes, papoušek, mléko, zebra

Můj svetr	je bíl*ý*.	Moje taška	je bíl*á*.	Moje auto	je bíl*é*.

😊 **Dialoge:**
   Moje nejoblíbenější barva je červená. A jaká je tvoje nejoblíbenější barva?

Lektion 1

Buch S. 24

😊 **Ordnen Sie den Bildern passende Substantive und Adjektive zu:**

krátký, dobrý, starý, hezký, milý, ošklivý, nový, velký, špatný, dlouhý, malý, zlý
šéf, auto, linka, dům, jablko, počasí

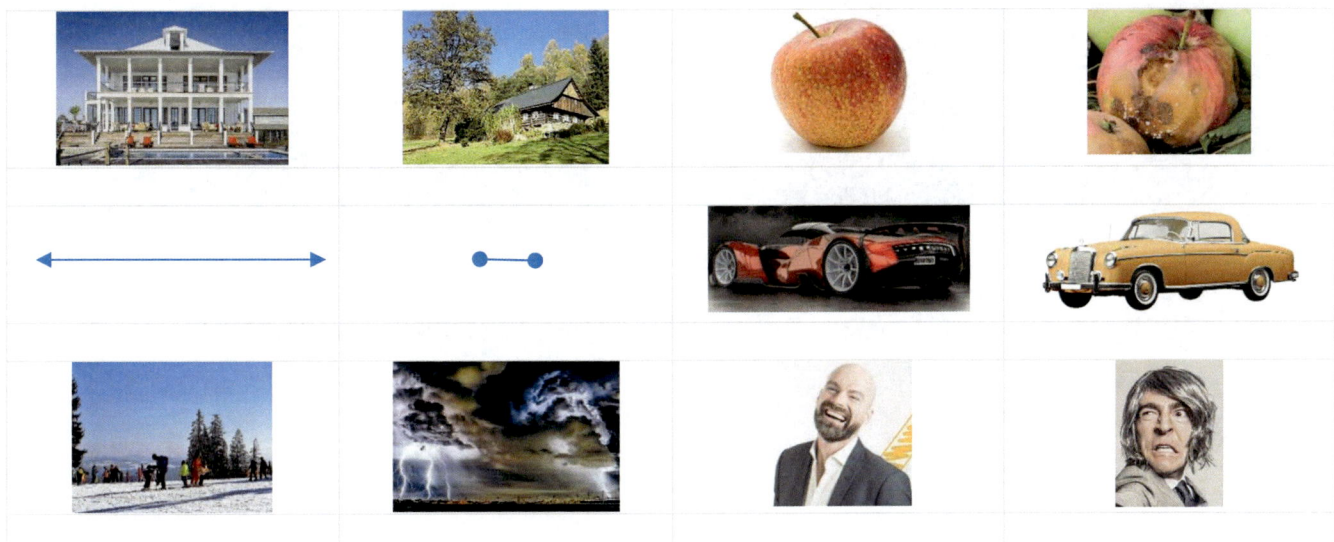

😊 **Beobachten Sie den Unterschied zwischen den harten und den weichen Adjektiven im Nominativ Singular:**

	männlich	weiblich	sächlich
hart	krásný (schön) den (Tag)	krásná noc (Nacht)	krásné ráno (Morgen)
hart	nový (neu) byt (Wohnung)	nová taška (Tasche)	nové auto (Auto)
weich	poslední (der letzte) den	poslední noc	poslední ráno
weich	moderní (modern) byt	moderní taška	moderní auto

😊 **Suchen Sie Substantive, die man mit den folgenden weichen Adjektiven sinnvoll verbinden kann:**

perfektní, senzační, atraktivní, konkrétní, abstraktní, absurdní, akutní, aktuální, banální, fádní, lokální, brutální, ambiciózní, normální, moderní

Perfektní kostým, senzační koncert,

Lektion 1 Buch S. 24

Maskulina unbelebt hart – STARÝ HRAD

Karlštejn

Křivoklát

😊 **Tragen Sie diese vier Sätze in die Tabelle ein, jeweils ins richtige Feld:**

Navštívíme staré hrady. Tam je starý hrad.
Navštívím starý hrad. Tam jsou staré hrady.

	Singular	Plural
1. F.		
4. F.		

😊 **Dialoge: Was ist dort? Was hast du dort?**

Je tam jeden bílý papír? Ne, tady jsou dva žluté papíry.
telefon, mobil, tablet, sešit, atlas, fix, blok, stůl, kapesník, batoh, ručník, notebook
bílý, stříbrný, černý, velký, nový, červený, linkovaný, malý, čistý, starý, špinavý, drahý, levný

Máš tam jeden bílý papír? Ne, mám tady dva žluté papíry.
telefon, mobil, tablet, sešit, atlas, fix, blok, stůl, kapesník, batoh, ručník, notebook
bílý, stříbrný, černý, velký, nový, červený, linkovaný, malý, čistý, starý, špinavý, drahý, levný

Je tam na stole bílý jogurt? Jsou tady dva jahodové jogurty.
sekt, rum, džus, burčák, střik, salám, chléb, sýr, salát, jogurt, tvaroh, celer
dobrý, špatný, červený, bílý, čerstvý, starý, černý, bramborový, vinný, jahodový

Koupíš prosím bílý jogurt? Koupím dva jahodové jogurty.
sekt, rum, džus, burčák, střik, salám, chléb, sýr, salát, jogurt, tvaroh, celer
dobrý, špatný, červený, bílý, čerstvý, starý, černý, bramborový, vinný, jahodový

Lektion 2 Buch S. 32

😊 **Lesen Sie den Dialog und unterstreichen Sie dort alle e-Verben (1. Klasse):**

- Hele, Petře, Ivana a Veronika jdou dneska večer do karaokebaru. Jdeme tam taky?
- Ne, nemám čas. Dneska v sedm jdu na fotbal a zítra ráno v šest jedu do Brna. Ty jedeš taky, ne?
- A jo, no jo, škoda.

😊 **Machen Sie die Übungen unten und füllen Sie dann die Lücken aus:**

- Hele, Petře, Ivana a Veronika jd___ dneska večer do karaokebaru. Jd___ tam taky?
- Ne, nem___ čas. Dneska v sedm jd___ na fotbal a zítra ráno v šest jed___ do Brna. Ty jed___ taky, ne?
- A jo, no jo, škoda.

😊 **Sehen Sie sich die Bilder an und planen Sie den heutigen Abend:**

😊 **Ergänzen Sie die Endungen der Verben jít = gehen und jet = fahren:**
Bestimmen Sie die richtige Reihenfolge: -e, -ou, -eš, -ete, -u, -eme

	jít			jet	
1.	jd	jd	1.	jed	jed
2.	jd	jd	2.	jed	jed
3.	jd	jd	3.	jed	jed

😊 **Dialoge: Kam jdou Tomáš a Lukáš? Jdete zítra večer na koncert?**

+ pěšky + domů, ven, sem, tam
+ do školy, do menzy, do banky, do kina, do baru
+ na koncert, na disko, na fotbal, na pivo, na univerzitu

😊 **Dialoge: Kam teď jedeš? Marietto a Michaelo, jedete taky do Brna?**
+ do Lince, do Vídně, do Paříže, do Třebíče
+ do Bernu, do Salzburgu, do Klagenfurtu, do Prahy, do Moskvy, do Tokia, do Osla

Lektion 2 Buch S. 32

😊 **Dialoge: Kam jedeš? Čím tam jedeš?**

1. Fall			letadlo	autobus	vlak				
6. Fall	---	---	---	---	---	---	na kole	na mopedu	na koni
7. Fall	autem	metrem				tramvají	---	---	---

😊 **Wie konjugiert man das Verb čísť = lesen? Und wie psát = schreiben?**

čtu			píšu		

😊 **Dialoge: Co teď čteš? Čtete české noviny?**
       Co píšeš? Píšete někdy verše?

+ časopis, noviny, dopis, e-mail, sms, knihu, román, báseň, test
+ rád(a), rychle, často, hodně, málo
+ večer, o víkendu, na dovolené, v tramvaji, ve vlaku, v autobusu
+ kamarádovi, kamarádce, tatínkovi, mamince, bratrovi, sestře

😊 **Wie konjugiert man otevřít = öffnen? Und wie zavřít = schließen?**

otevřu			zavřu		

😊 **Dialoge: Otevřeš mi to? Nejde mi to otevřít.**
       Zavřeš prosím okno? Jak zavřu ten dokument?

+ dopis, sešit, e-mail, knihu, láhev, okno, dveře, kufr, dokument ve Wordu, oči, pusu

Lektion 2

Buch S. 32

☺ **Tragen Sie die blauen Wörter jeweils ins richtige Feld ein: Kam jdeš? Kam jedeš?**   do + 2. Fall

kasíno, park, restaurace, banka, autoservis, kino, pokoj, pivnice, škola, metro, palác, bar, garáž, cukrárna, nemocnice, menza

M hart	M weich	F hart	F weich	N hart	N weich
do Ottakringu	do Lince	do Prahy	do Vídně	do Rakouska	do Dvořiště

☺ **Tragen Sie die blauen Wörter jeweils ins richtige Feld ein: Kam jdeš? Kam jedeš?**   na + 4. Fall

koncert, diskotéka, univerzita, ulice, letiště, bál, parkoviště, judo, pole, náměstí, nádraží, mejdan, pošta, pláž, kolej, pivo, hokej

M hart	M weich	F hart	F weich	N hart	N weich
na Dachstein	na Klínovec	na Annapurnu	na Zugspitzi, na Kleť	na Kilimanjaro	na Tokaniště, na Nandá Déví

Lektion 2 Buch S. 32

😊 Tragen Sie die blauen Wörter jeweils ins richtige Feld ein: Kde jsi?   v + 6. Fall

kasíno, park, restaurace, banka, autoservis, kino, pokoj, pivnice, škola, metro, palác, bar, garáž, cukrárna, nemocnice, menza

M hart	M weich	F hart	F weich	N hart	N weich
v Ottakringu	v Linci	v Ostravě	ve Vídni	v Rakousku	ve Dvořišti
v Krumlově		v Praze		v Brně	

😊 Tragen Sie die blauen Wörter jeweils ins richtige Feld ein: Kde jsi?   na + 6. Fall

koncert, diskotéka, univerzita, ulice, letiště, bál, parkoviště, judo, pole, náměstí, nádraží, mejdan, pošta, pláž, kolej, pivo, hokej

M hart	M weich	F hart	F weich	N hart	N weich
na Dachsteinu	na Klínovci	na Annapurně	na Zugspitzi,	na Kilimanjaru	na Tokaništi,
na Boubíně		na Sněžce	na Kleti	na Vysokém Kole	na Nandá Déví

Lektion 2 — Buch S. 32

☺ Tragen Sie die blauen Wörter unten jeweils ins richtige Feld ein:

Kde jsi teď?	Kam jdeš potom?
v + lokativ (6. Fall)	do + genitiv (2. Fall)
Teď jsem v parku.	Potom jdu do baru.
Teď jsem v baru.	Potom jdu do
kasíno, park, restaurace, banka, autoservis, kino, pokoj, pivnice, škola, metro, palác, bar, garáž, cukrárna, nemocnice, auto, nebe	

Kde jsi teď?	Kam jdeš potom?
na + lokativ (6. Fall)	na + akuzativ (4. Fall)
Teď jsem na večírku.	Potom jdu na bál.
Teď jsem na bále.	Potom jdu na
večírek, koncert, diskotéka, univerzita, ulice, letiště, bál, parkoviště, náměstí, nádraží, mejdan, pošta, pláž, kolej, pivo, hokej, pošta, svatba	

Lektion 2

Buch S. 32

🙂 Dialog: Matka a syn	🙂 Telefonát: Muž a žena	🙂 Dialog: Šéf a sekretářka
Mami, kde jsi?	Miláčku, kde jsi?	Dobré ráno, Evičko!
Tady, v …………. Co chceš?		
Dnes večer chci jít do ………….	Kam jdeš potom?	Uvaříte mi čaj?
S kým?		
	Co chceš dělat dnes večer?	Dáte mi cukr a citron?
Čím chceš jet?		Chcete taky koláč?
	Musíš jít zítra do práce?	Odkud je ten fax?
Máš už domácí úkol?		Uděláte mi kopii?
	Tak pa, už se těším, zlato, pusu.	
Zítra jdeš do školy!		Kde je dnes pan Dvořák?
		Proč není paní Marešová v práci?
		Kdy jedeme do Prahy?

Lektion 2

Buch S. 32

😊 **Lesen Sie den Dialog links und unterstreichen Sie dort das Präteritum:**

Jakube, jaké byly tvoje prázdniny?	Jakube, jaké by__ tvoje prázdniny?
Senzační. Ale moc krátké.	Senzační. Ale moc krátké.
Kde jsi byl?	Kde j__ b__?
Byl jsem ve Velké Británii.	B__ js__ ve Velké Británii.
A s kým jsi tam byl?	A s kým j__ tam b__?
S jednou dobrou kamarádkou.	S jednou dobr__ kamarádk__.
Aha, a jak dlouho jste tam byli?	Aha, a jak dlouho js__ tam by__?
Jen čtyři dny. Ale bylo to moc hezké. A kde jsi byl ty?	Jen čtyři dny. Ale by__ to moc hezk__. A kde j__ b__ ty?
Já jsem byl v České republice. Mám tam dobrou kamarádku.	Já js__ b__ v České republice. Mám tam dobr__ kamarádk__.
A jaké to bylo?	A jaké to by__?
Krásné. Byli jsme v Praze v divadle, v botanické zahradě a v Aquaparku.	Krásné. By__ js__ v Pra__ v divadl__, v botanick__ zahrad__ a v Aquapark__.
A jaké bylo počasí?	A jaké by__ počasí?
Perfektní. V létě tam jedu zase. Chceme jet na raftech po Vltavě.	Perfektní. V létě tam je__ zase. Chceme j__ na raftech po Vltav__.
Jé, ty se máš...	Jé, ty se m__...

😊 **Machen Sie alle Übungen auf der nächsten Seite und ergänzen Sie dann die Lücken im Dialog rechts:**

😊 **Sehen Sie sich die Bilder an und sprechen Sie über Ihre Ferien:**

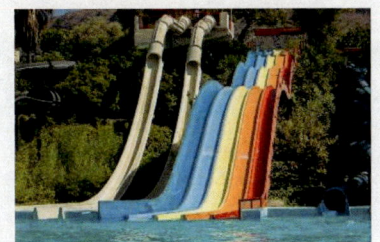

Lektion 2 Buch S. 32

😊 **Dialoge mit dem Präteritum:**

Petře, byl jsi už v Africe?
 Ano, byl jsem už v Africe.
 Ne, ještě jsem nebyl v Africe.

Danielo, byla jsi už v Austrálii?
 Ano, byla jsem už v Austrálii.
 Ne, ještě jsem nebyla v Austrálii.

Byl(a) jsi už v / na ... ?
+ Amerika, Belgie, Asie, Itálie, Brazílie, Sicílie, Kuba, Malta, Florida, Sumatra
Nebyl(a) jsem v Americe, ale byl(a) jsem už na Sumatře.

Byli už Daniel a Filip v / na ... ? Byly už Daniela a Lisi v / na ...?
+ Amerika, Belgie, Asie, Itálie, Brazílie, Sicílie, Kuba, Malta, Florida, Sumatra
Nebyli/y v Americe, ale byli/y už na Sumatře.

Byla už Lisi v / na ... ?
+ Amerika, Belgie, Asie, Itálie, Brazílie, Sicílie, Kuba, Malta, Florida, Sumatra
Lisi nebyla v Americe, ale byla už na Sumatře.

😊 **Wie konjugiert man das Verb být = sein im Präteritum?**

Sg.		Hilfsverb	M	F	N	Pl.		Hilfsverb	M	F	N
1.	já	jsem	byl	byla	-	1.	my	jsme	byli	byly	-
2.	ty	jsi	byl	byla	-	2.	vy	jste	byli	byly	-
3.	on	-	byl	-	-	3.	oni	-	byli	-	-
	ona	-	-	byla	-		ony	-	-	byly	-
	ono	-	-	-	bylo		ona	-	-	-	byla

😊 **Wie funktioniert die Wortfolge im Präteritum?**

1.	2.	3.	4.
Já	jsem	byla	včera doma.
Byla			
Včera			

1.	2.	3.	4.
Ty	jsi	byl	včera v restauraci.
Byl			
Včera			

1.	2.	3.	4.
My	jsme	byli	dnes ve škole.
Byli			
Dnes			

1.	2.	3.	4.
Vy	jste	byli	ráno na poště.
Byli			
Ráno			

Lektion 2

Buch S. 32

😊 **Üben Sie zu dritt:**

Proč nebyl František včera na párty?
Františku, proč jsi včera nebyl na párty?
Byl jsem nemocný.
František nebyl včera na párty, protože byl nemocný.

Kde byl Petr včera večer?	Byla Tereza dnes ráno v práci?
Byly už Uli a Tina v Americe?	Byl Tomáš včera doma?
Kdy byla Míša v Linci?	S kým byla Andrea v kině?

😊 **Dialoge: Wo warst du in den Ferien?**

Georgu, kde jsi byl o prázdninách?	**Danielo, kde jsi byla ty?**
Byl jsem v Itáli_ u moře.	Byla jsem v Afri_ _ na Saha_ _ .
Byl jsem v Kefermarkt_ u babičk_ .	Byla jsem na Dachstein_ .

Byl jsem v Pra_ _ .   Byla jsem na Šumav_ .

😊 **Beantworten Sie die Fragen:** Co jsi tam dělal?   Co jsi tam dělala?

Infinitiv	1. Ps. Sg. M	1. Ps. Sg. F
dělat všechno možné	dělal jsem všechno možné	dělala jsem všechno možné
koupat se		
lyžovat		
lenošit		
navštívit sestřenici		
dívat se na televizi		
hrát volejbal		
jezdit na kole		
chodit na procházky		
opalovat se		
učit se		
psát domácí úkoly		

Lektion 2

Buch S. 32

😊 **Wie funktioniert die Wortfolge beim Präteritum mit Personalpronomen?**

Sg.	2	♂	♀	🐷	Pl.	2	♂	♀	🐷
já	jsem	lenošil	lenošila	---	my		lenošili	lenošily	---
ty				---	vy				---
on	---		---	---	oni	---		---	---
ona	---	---		---	ony	---	---		---
ono	---	---	---	lenošilo	ona	---	---	---	lenošila

😊 **Wie funktioniert die Wortfolge beim Präteritum ohne Personalpronomen?**

Sg.	♂	♀	🐷	2	Pl.	♂	♀	🐷	2
1.	lenošil	lenošila	---	jsem	1.	lenošili	lenošily	---	
2.		---			2.			---	
3. m		---	---	---	3. m		---	---	---
3. f	---		---	---	3. f	---		---	---
3. n	---	---	lenošilo	---	3. n	---	---	lenošila	---

Já jsem² včera večer lenošil.
Včera jsem² lenošil. Včera večer jsem² lenošil. Včera pozdě večer jsem² lenošil.

Ty jsi² včera večer lenošil?
Lenošil jsi² včera večer? Proč jsi² včera večer lenošil?

My ....   Vy ...

😊 **Bilden Sie Sätze mit den blauen Wörtern:** lyžovat, jezdit na kole, hrát volejbal, koupat se v moři, dívat se na televizi, opalovat se, učit se

Dnes chci lenošit.	Včera jsem taky lenošila.	Lenoším ráda.

Lektion 2

Buch S. 32

🙂 Konjugieren Sie folgende unregelmäßige Verben = nepravidelná slovesa im Präsens und tragen Sie in die orange Zeile das Partizip Präteritum ein. Suchen Sie nach dazu passenden Objekten, Orts- und Zeitbestimmungen:

jít	jet	jíst	pít	číst	psát	otevřít	zavřít	moct	chtít	mít
jdu					píšu			můžu		
	jede						zavře			
				čtou					chtějí	
		jedl				otevřel				měl
tam		koláč			dopis		dveře			čas

🙂 Schreiben Sie eine kurze Story und verwenden Sie darin möglichst viele unregelmäßige Verben im Präteritum:

_____
_____
_____
_____
_____
_____
_____
_____

Lektion 2

Buch S. 31

Feminina hart – CHYTRÁ ŽENA

😊 **Tragen Sie diese vier Sätze in die Tabelle ein, jeweils ins richtige Feld:**

Chytrezeny.cz je internetový magazín nejen pro chytré ženy. Eva byla chytrá žena. Adam měl opravdu chytrou ženu. Anna a Andulka jsou moc chytré ženy.

	Singular	Plural
1. F.		
4. F.		

😊 **Dialoge: Was ist dort? Was hast du dort? Was kaufst du?**

Je tam moje česká kniha? Ne, tady jsou dvě německé knihy.
tužka, propiska, guma, kalkulačka, taška, peněženka, složka, lupa, baterka, deka
nová, modrá, bílá, čistá, zelená, plná, velká, malá, prázdná, stará, praktická, špinavá

Máš tam modrou propisku? Ne, mám tady dvě černé propisky.
tužka, propiska, guma, kalkulačka, taška, peněženka, složka, lupa, baterka, deka
nová, modrá, bílá, čistá, zelená, plná, velká, malá, prázdná, stará, praktická, špinavá

Je tam na stole malinová limonáda? Ne, tady jsou dvě okurkové limonády.
okurka, paprika, ředkvička, meruňka, švestka, jahoda, minerálka, káva, vodka
kyselá, žlutá, čerstvá, sladká, zralá, červená, perlivá, vídeňská, ruská

Koupíš prosím perlivou minerálku? Koupím dvě minerálky: perlivou a neperlivou.
okurka, paprika, ředkvička, meruňka, švestka, jahoda, minerálka, káva, vodka
kyselá, žlutá, čerstvá, sladká, zralá, červená, perlivá, vídeňská, ruská

Lektion 3   Buch S. 43

😊 **Lesen Sie den Text und unterstreichen Sie dort alle í-Verben (4. Klasse):**

Ahoj, jmenuji se Martina a bydlím ve Znojmě.
Chodím tam na gymnázium.
Učím se anglicky a německy.
Myslím, že anglicky už umím docela dobře.
Německy mluvím jen trochu. Ráda jezdím do Rakouska lyžovat.
Když Rakušané mluví dialektem, vůbec jim nerozumím.
Nevím, jestli myslí Hase nebo Hose, Rasen nebo Rosen, Affen nebo offen...
Prosím vás, můžete se mnou mluvit spisovně a pomalu?

😊 **Machen Sie die Übungen auf der nächsten Seite und füllen Sie dann die Lücken aus:**

Ahoj, jmen__ se Martina a bydl__ ve Znojmě.
Chod__ tam na gymnázium.
Uč__ se anglicky a německy.
Mysl__, že anglicky už um__ docela dobře.
Německy mluv__ jen trochu. Ráda jezd__ do Rakouska lyžovat.
Když Rakušané mluv__ dialektem, vůbec jim nerozum__.
Nev__, jestli mysl__ Hase nebo Hose, Rasen nebo Rosen, Affen nebo offen...
Pros__ vás, můžete se mnou mluv__ spisovně a pomalu?

😊 **Sehen Sie sich die Bilder an und erzählen Sie über Martina:**

Lektion 3

Buch S. 43

😊 **Ergänzen Sie die Endungen der Verben rozumět = verstehen und mluvit = sprechen. Bestimmen Sie die Reihenfolge:** -í, -í, -ím, -íme, -íš, -íte

	rozumět				mluvit	
1.	rozum	rozum		1.	mluv	mluv
2.	rozum	rozum		2.	mluv	mluv
3.	rozum	rozum		3.	mluv	mluv

😊 **Wie konjugiert man das Verb učit se = lernen? Und wie umět = können?**

učím se			umím		

😊 **Dialoge: Mluvíš dobře česky? Rozumíš rusky? Umíš mluvit polsky? Umíš vařit?**

+ anglicky, německy, česky, francouzsky, rusky, polsky, italsky, španělsky
+ dobře, špatně, perfektně, trochu, rád/a, nerad/a, rychle, pomalu, hodně, málo
+ mluvit, vařit, tancovat, lyžovat, plavat, programovat

😊 **Wie konjugiert man das Verb vědět = wissen? Und wie bydlet = wohnen?**

vím			bydlím		

😊 **Dialoge: Kde bydlíš? Kde bydlíte? Víte, kde bydlí pan Jindrák?**

+ ve Vídni, v Linci, v Paříži, v Plzni, v Olomouci, v Dubaji
+ v Salzburgu, ve Frankfurtu, v New Yorku, v Tokiu, v Oslu
+ v Krumlově, v Benešově, v Londýně, v Římě, v Praze, v Ostravě, ve Varšavě

😊 **Ergänzen Sie die fehlenden Wortteile:**

Jaroslav bydl___ v Pra___. Paní Krátká, bydl___ ve Víd___, nebo v Brn___?
Jak pros___? Nerozum___. Viki a Meli, rozum___ mi? Já se uč___ ner___, poma___
a má___. A ty? Petře, mluvíš tro___ francouz___? Georgu, mluv___ tvůj dědeček
dob___ anglic___? Terezo a Andreo, mluv___ perfektně čes___? Um___ Míša
výbor___ vař___? Um___ Petr a Georg dob___ tanco___? Tino, um___ lyžo___?
Uli, um___ tvoje kočka pla___? Tomáši, um___ tvůj papoušek mlu___?

Lektion 3 Buch S. 47, 48

😊 **Unterstreichen Sie im Text alle Bezeichnungen von Familienmitgliedern:**

Na téhle fotce je celá naše rodina. Já jsem ta malá holka vpravo. Moje maminka a můj dědeček Jaromír stojí za mnou. Nevěsta je moje sestřenice Mirka. Je moc hezká. Její muž je mi celkem sympatický. Vedle něho stojí moje babička Hana. Hádejte, kde je můj tatínek? A kdo je náš strýc Ondřej? A kde stojí teta Jarmila? A kde je moje sestra Jitka?

😊 **Tragen Sie die Bezeichnungen von Familienmitgliedern in die Tabelle ein:**

švagrová, zeť, syn, otec, matka, dcera, teta, tchán, synovec, bratranec, dědeček, sestra, vnuk, babička, bratr, vnučka, strýc, sestřenice, švagr, snacha, tchyně, neteř

česky	německy	česky	německy
otec, táta, tatínek		matka, máma, maminka	

Lektion 3 Buch S. 47, 48

😊 **Sprechen Sie über die einzelnen Familienmitglieder der Familie Novák:**

o Marušce: Jirka je **její** bratr. Jiří …
o Máně: Maruška je **její** dcera. Jirka …
o Josefovi: Maruška je **jeho** vnučka. Jirka …
o Jiřím: Máňa je **jeho** žena. Josef …
o Josefovi a o Marii: Maruška je **jejich** vnučka. Jirka …

😊 **Spielen Sie in Gruppen die Rollen der einzelnen Familienmitglieder:**

Studentin A ist Maruška, sie stellt ihre Familie vor: Jirka je **můj** bratr. …
Studentin B ist Anna, alle fragen sie: Jak se jmenuje **tvoje** dcera? Je Pepík **tvůj** syn?...
Alle siezen Anna: Jak se jmenuje **vaše** tchyně?
Student C ist Pepíček, alle fragen ihn: Jmenuje se **tvůj** bratranec Josef? Kdo je Jiří?
Studentin D ist Marie, Student E ist Josef, alle fragen sie: Je Anna **vaše** snacha?

😊 **Dialoge: Sprechen Sie mit Ihren Kolleginnen und Kollegen über Ihre Familien:**

Jak se jmenuje …	tvůj, tvoje	dědeček
Jako co pracuje …	váš, vaše	strýc
Co dělá …	jeho	bratranec
Jak se má …	její	babička
Co studuje / studoval(a) …	jejich	teta
Kde bydlí …		sestřenice
Jaký/á je …		švagrová

Lektion 3

Buch S. 47, 48

😊 **Tragen Sie die Possessivpronomen = přivlastňovací zájmena in die Tabelle ein:**

já a	**můj**	pes	**moje** kočka	**moje** prase
ty a	**tvůj**	pes		
on a	**jeho**	pes		
ona a	**její**	pes		
ono a	**jeho**	pes		
my a	**náš**	pes		
vy a	**váš**	pes		
oni a	**jejich**	pes		

😊 **Ergänzen Sie die Sätze unter den Bildern:**

To jsou … a … a … .	To je Jan a … .	To je Anna a … .	To jsem já a … .

😊 **Ergänzen Sie die Akkusativformen des reflexiven Possessivpronomens svůj, svoje:**

já mám ráda ~~mého~~ **svého** bratra, ~~moji~~ **svoji** sestru a ~~moje~~ **svoje** dítě
ty máš ráda ~~tvého~~ ──── bratra, ~~tvoji~~ ──── sestru a ~~tvoje~~ ──── dítě
on má rád ──── bratra, ──── sestru a ──── dítě
ona má ráda ──── bratra, ──── sestru a ──── dítě
my máme rádi ──── bratra, ──── sestru a ──── dítě
vy máte rádi ──── bratra, ──── sestru a ──── dítě
oni mají rádi ──── bratra, ──── sestru a ──── dítě
ony mají rády ──── bratra, ──── sestru a ──── dítě

Lektion 3 Buch S. 42

😊 **Unterstreichen Sie im Text belebte Maskulina. Bestimmen Sie den Fall:**

Jedu do města, sháním nějaké dárky.
Dárky? Pro koho?
Pro bratra, pro bratrance, pro strýce a pro dědečka. Všichni mají teď v prosinci narozeniny. Bratrovi je dvanáct, bratrancovi dvacet, strýcovi čtyřicet a dědečkovi sedmdesát.
Hehe, to je legrace, u nás mají všichni narozeniny v lednu. Potřebuju dárek pro tatínka, pro švagra a pro malého synovce.
No tak pojeď se mnou.
No, to je dobrý nápad. Tak jo.

😊 **Machen Sie alle Übungen auf der nächsten Seite und ergänzen Sie dann die Lücken in diesem Dialog:**

Je___ do mě___, shán___ nějaké dár___.
Dár___? Pro ko___?
Pro brat___, pro bratran___, pro strý___ a pro děde___. Všichni ma___ teď v prosinci narozen___. Brat___ je dvan___, bratran___ dvac___, strý___ čtyři___ a děde___ sedm___.
Hehe, to je legr___, u nás ma___ všichni narozen___ v lednu. Potřebuju dár___ pro tatín___, pro švag___ a pro mal___ synov___.
No tak pojeď se mnou.
No, to je dob___ náp___. Tak jo.

😊 **Sehen Sie sich die Bilder an und sprechen Sie über die Suche nach Geschenken:**

😊 **Erzählen Sie eine endlose Lovestory:**

Petr miluje Milenu.
Ale Milena nemiluje Petra, miluje Luboše.
Ale Luboš nemiluje Milenu, miluje Marii.
Ale Marie ...

Lektion 3   Buch S. 42

Maskulina belebt hart – MILÝ PÁN

😊 **Tragen Sie diese vier Sätze in die Tabelle ein, jeweils ins richtige Feld:**

*Znáš toho milého pána? Jaroslav Uhlíř a Zdeněk Svěrák jsou milí páni / pánové.
Znáš ty milé pány? Zdeněk Svěrák je milý pán.*

	Singular	Plural
1. F.		
4. F.		

😊 **Dialoge: Wer ist dort? Wen siehst du dort? Wer gefällt dir? Wen magst du?**

Jsou tam dva studenti? Ne, tady je jen jeden student.   h ch k g r !
*žák, politik, profesor, doktor, inženýr, prezident, ministr, právník, instalatér, sedlák
dobrý, milý, šikovný, hodný, chytrý, starý, mladý, známý, bohatý, hezký*

Vidíš tam nějaké žáky? Vidím tady jen jednoho žáka.
*žák, politik, profesor, doktor, inženýr, prezident, ministr, právník, instalatér, sedlák
dobrý, milý, šikovný, hodný, chytrý, starý, mladý, známý, bohatý, hezký*

Líbí se ti tihle velcí psi? Ne, líbí se mi jen tenhle malý pes.   h ch k g r !
*had, pavouk, pták, slon, tygr, lev, medvěd, vlk, hroch, papoušek, krokodýl, motýl
dlouhý, hezký, starý, červený, černý, hnědý, šedý, zelený, barevný, velký*

Máš ráda psy? Mám ráda jen svého plyšového psa.
*had, pavouk, pták, slon, tygr, lev, medvěd, vlk, hroch, papoušek, krokodýl, motýl
dlouhý, hezký, starý, červený, černý, hnědý, šedý, zelený, barevný, velký*

Lektion 3

Buch S. 42

😊 **Unterstreichen Sie im Text alle Pluralformen. Bestimmen Sie den Fall:**

Chtěla bych se podívat na medvědy a orangutany.
A já na hady a na pavouky.
Fuj, hady nemám ráda. A z pavouků mám panický strach.
Ale jdi, pavouci jsou mazlíčci.
No, jak pro koho. To bych se radši mazlila s krokodýly než s pavouky.
Tak víš co? Navštívíme nejdřív slony a nosorožce, potom se koukneme, co dělají lvi a tygři, vyfotíme si vlky a nakrmíme papoušky.
Tak jo. A pak si prohlédneme paviány a šimpanze, ti jsou vedle orangutanů.
Dobře. A co delfíni a tučňáci, chceš je taky vidět?
Jasně. A pak se s tebou možná půjdu podívat na ty hady...

😊 **Ergänzen Sie die Lücken in diesem Dialog:**

Chtěla bych se podí___ na medvě___ a orangu___.
A já na ha___ a na pavou___.
Fuj, ha___ nemám rá___. A z pavouků mám panic___ str___.
Ale jdi, pavou___ jsou mazlíč___.
No, jak p___ koho. To bych se radši mazli___ s krokodý___ než s pavou___.
Tak v___ co? Navštív___ nejdřív slo___ a nosorož___, potom se koukn___, co děl___ lv___ a tyg___, vyfot___ si vl___ a nakrm___ papouš___.
Tak jo. A pak si prohlédn___ paviá___ a šimpan___, ti js___ vedle orangutanů.
Dob___. A co delfí___ a tučňá___, chc___ je taky vid___?
Jas___. A pak se s tebou možná půj___ podív___ na ty ha___...

😊 **Sehen Sie sich die Bilder an und planen Sie Ihren ZOO-Besuch:**

Lektion 3

Buch S. 42

😊 **Beschreiben Sie diese Clowns:** Jaký je? Jaká je? Jací jsou?

česky	německy	česky	německy	česky	německy
starý		veselý		zábavný	
mladý		vážný		nudný	
hezký		pilný		sportovní	
ošklivý		líný		intelektuální	
milý		bohatý		šikovný	
zlý		chudý		nepraktický	
sympatický		štíhlý		chytrý	
arogantní		tlustý		hloupý	

😊 **Ratespiel: An wen denkt Ihr Gegenüber? Fragen Sie:** Je mladý? Je chytrý?

😊 **Tragen Sie hier möglichst viele positive und negative Eigenschaften ein.**

☺	☹	☺	☹	☺	☹

😊 **Bilden Sie ähnliche Dialoge im Singular und im Plural:**

- *Víš, že jsi moc hezká a milá?*
- *Opravdu? No jo, ale někdy jsem dost líná.*
- *To nevadí. Zato jsi vždycky veselá.*
- *To je fakt. Díky za kompliment.*
- *Není zač.*

Lektion 4

Buch S. 54

Neutra hart – KRÁSNÉ MĚSTO

😊 **Tragen Sie diese vier Sätze in die Tabelle ein, jeweils ins richtige Feld:**

Znáš tohle krásné město? Vídeň a Praha jsou krásná města.
Znáš tahle krásná města? Vídeň je krásné město.

	Singular	Plural
1. F.		
4. F.		

😊 **Dialoge: Was ist dort? Was hast du dort? Was ist im Kühlschrank? Was nimmst du zum Essen / zum Trinken?**

Jsou tam dvě nová pera? Ne, tady je jen jedno staré pero.
lepidlo, pravítko, mýdlo, zrcátko, kilo (masa), euro, rádio, cédéčko, dývídýčko
dobré, rovné, kulaté, růžové, čisté, bílé, stříbrné, malé, prázdné, nové, špinavé

Máš tam tři nová pera? Ne, mám tady jen jedno staré pero.
lepidlo, pravítko, mýdlo, zrcátko, kilo (masa), euro, rádio, cédéčko, dývídýčko
dobré, rovné, kulaté, růžové, čisté, bílé, stříbrné, malé, prázdné, nové, špinavé

Jsou v ledničce dvě nealkoholická piva? Ne, je tady jen jedno nealkoholické pivo.
jablko, vajíčko, mléko, víno, máslo, avokádo, kakao, mojito, cinzano, prosecco
kyselé, bílé, čerstvé, vanilkové, červené, čajové, zelené, horké, studené, italské, suché

Dáš si jedno, nebo dvě piva? Dám si jen jedno nealkoholické pivo.
jablko, vajíčko, mléko, víno, máslo, avokádo, kakao, mojito, cinzano, prosecco
kyselé, bílé, čerstvé, vanilkové, červené, čajové, zelené, horké, studené, italské, suché

Lektion 4

Buch S. 54

😊 **Akkusativ M, F, N. Ergänzen Sie in der obersten Zeile die Kategorien und in der untersten Zeile die Akkusativformen mit den Endungen -a, -e, -i, -u, --:**

	M b h								
1.	dědeček	bratranec	knedlík	guláš	maminka	tchyně	neteř	pivo	parkoviště
4.									

😊 **Mitglieder der Familie Novák sprechen darüber, wen sie mögen:**

Maruška říká: Mám ráda babičku Marii, dědečka Josefa, …
Dědeček Josef říká: Mám rád svoji vnučku Marušku, …
Strýc Jiří říká: Mám rád svoji ženu Máňu, …

😊 **Akkusativ der Adjektive. Tragen Sie die Nominativformen in die Tabellen ein:**

	M b	M ub	F	N
To je pan N. a jeho				
Pan N. má	chytrého syna	hezký byt	milou manželku	dobré místo

	M b	M ub	F	N
To je Iva a její				
Iva má	geniálního otce	moderní počítač	inteligentní sestřenici	atraktivní povolání

😊 **Dialoge: Verwenden Sie die kursiv gedruckten Adjektive in Kombination mit den vorgegebenen Substantiven im Akkusativ:**

béžový, bílý, červený, černý, hnědý, modrý, stříbrný, šedý, zelený, zlatý, žlutý
velký, malý, hezký, ošklivý, krátký, dlouhý, dobrý, špatný, nový, starý, drahý, levný
moderní, normální, senzační, extravagantní, luxusní, abstraktní, barokní, secesní

V pokoji mám hezkou / moderní židli. A ty?
stůl, koberec, gauč, lampa, váza, televize, police, postel, okno

Mám ráda tureckou / instantní kávu. A ty?
film, hokej, architektura, hudba, móda, filozofie, divadlo, umění

Z okna vidím novou / originální cukrárnu. A co ještě?
dům, kostel, knihovna, restaurace, garáž, náměstí, kino, parkoviště

Hledám sympatickou / solidní partnerku. Opravdu? A já zase hledám…
muž, žena, přítel, přítelkyně, kamarád, kamarádka, partner, partnerka, kluk, holka

Lektion 4

Buch S. 9, 10, 54

😊 **Wie wird der Nominativ Plural gebildet?**
Seltenere Formen sind jeweils unten in Grau:

	Nominativ	Singular: **Tady je ...**		Plural: **Tady jsou ...**
WEICH	N	moře, parkoviště, letiště, pole	-e, -ě	moře, parkoviště, letiště, pole
	F	růže, dělnice, kolegyně, píseň, skříň	-e, -ě	růže, dělnice, kolegyně, písně, skříně
		kost, místnost, noc	-i	kosti, místnosti, noci
	M ub	stroj, počítač, koberec, talíř	-e	stroje, počítače, koberce, talíře
	M b	muž, lékař, sportovec, soudce	-i	muži, lékaři, sportovci, soudci
	M b -tel	učitel, podnikatel, spisovatel	-é	učitelé, podnikatelé, spisovatelé
HART	N	město, kolo, konto, auto, jablko	-a	města, kola, konta, auta, jablka
	F	žena, profesorka, kniha	-y	ženy, profesorky, knihy
	M ub	hrad, knedlík, dům, kufr	-y	hrady, knedlíky, domy, kufry
	M b	student, kamarád, pes	-i	studenti, kamarádi, psi
	M b hchkgr	dělník, doktor, Čech, vrah	-i 💥	dělníci, doktoři, Češi, vrazi
	M b -an	Angličan, Rakušan, občan	-é/ugs. -i	Angličané/i, Rakušané/i, občané/i
	M b -ista	policista, žurnalista, fotbalista	-é/ugs. -i	policisté/i, žurnalisté/i, fotbalisté/i
	M b -a	předseda, starosta, kolega	-ové	předsedové, starostové, kolegové
	M b kurz	pán, syn, Rus	-ové	pánové/ugs. -i, synové, Rusové
	M b *	astronom, filozof	-ové	astronomové, filozofové

*Arab, Ital, muslim, archeolog, astronom, astrolog, detektiv, ekolog, ekonom, fotograf, historik, pedagog, profesionál, psycholog, předek, živočich...

😊 **Tragen Sie diese Wörter in die Tabelle ein und bilden Sie den Nominativ Plural:**

kočka, opice, prasátko, koťátko, hroch, zajíc, tuleň, slepice, ovce, tygr, vlk, medvěd, pták, žirafa, zebra, hřiště, les, park, zahrada, rybník, pole, jablko, dort, lívanec, mandle, nudle, cibule, kapr, losos, Ir, okurka, pomeranč, kolega, přítel, Ital, cyklista, sociolog, lingvista, občan, obyvatel, Švéd

	Nominativ	Singular: **Tady je ...**		Plural: **Tady jsou ...**
WEICH	N		-e, -ě	
	F		-e, -ě	
			-i	
	M ub		-e	
	M b		-i	
	M b -tel		-é	
HART	N		-a	
	F		-y	
	M ub		-y	
	M b		-i	
	M b hchkgr		-i 💥	
	M b -an		-é/ugs. -i	
	M b -ista		-é/ugs. -i	
	M b -a		-ové	
	M b kurz		-ové	
	M b *		-ové	

Lektion 4

Buch S. 9, 10, 54

😊 **Wie wird der Akkusativ Plural gebildet?**

	Akkusativ	Singular: **Hledám …**		Plural: **Hledám …**
WEICH	N	moře, parkoviště, letiště, pole	-e, -ě	moře, parkoviště, letiště, pole
	F	růži, dělnici, kolegyni, píseň, skříň	-e, -ě	růže, dělnice, kolegyně, písně, skříně
		kost, místnost, noc	-i	kosti, místnosti, noci
	M ub	stroj, počítač, koberec, talíř	-e	stroje, počítače, koberce, talíře
	M b	muže, lékaře, sportovce, soudce	-e	muže, lékaře, sportovce, soudce
	M b -tel	učitele, podnikatele, spisovatele	-e	učitele, podnikatele, spisovatele
HART	N	město, kolo, konto, auto, jablko	-a	města, kola, konta, auta, jablka
	F	ženu, profesorku, knihu	-y	ženy, profesorky, knihy
	M ub	hrad, knedlík, dům, kufr	-y	hrady, knedlíky, domy, kufry
	M b	studenta, kamaráda, psa	-y	studenty, kamarády, psy
	M b hchkgr	dělníka, doktora, Čecha, vraha	-y	dělníky, doktory, Čechy, vrahy
	M b -an	Angličana, Rakušana, Belgičana	-y	Angličany, Rakušany, Belgičany
	M b -ista	policistu, žurnalistu, fotbalistu	-y	policisty, žurnalisty, fotbalisty
	M b -a	předsedu, starostu, kolegu	-y	předsedy, starosty, kolegy
	M b kurz	pána, Švéda, Rusa	-y	pány, Švédy, Rusy
	M b *	astronoma, filozofa	-y	astronomy, filozofy

😊 **Tragen Sie diese Wörter in die Tabelle ein und bilden Sie den Akkusativ Plural:**

kočka, opice, prasátko, koťátko, hroch, zajíc, tuleň, slepice, ovce, tygr, vlk, medvěd, pták, žirafa, zebra, hřiště, les, park, zahrada, rybník, pole, jablko, dort, lívanec, mandle, nudle, cibule, kapr, losos, Ir, okurka, pomeranč, kolega, přítel, Ital, cyklista, sociolog, lingvista, občan, obyvatel, syn

	Akkusativ	Singular: **Hledám …**		Plural: **Hledám …**
WEICH	N		-e, -ě	
	F		-e, -ě	
			-i	
	M ub		-e	
	M b		-e	
	M b -tel		-e	
HART	N		-a	
	F		-y	
	M ub		-y	
	M b		-y	
	M b hchkgr		-y	
	M b -an		-y	
	M b -ista		-y	
	M b -a		-y	
	M b kurz		-y	
	M b *		-y	

Lektion 4

Buch S. 54

😊 **Üben Sie den Nominativ und Akkusativ Singular und Plural:**

Nominativ Singular	Akkusativ Singular	Nominativ Plural	Akkusativ Plural
Tady je …	Znám …	Tady jsou …	Znám …
jed . . prodavačka	jed.. prodavačk.	dv . prodavačky	dv. prodavačk.
jed . . časopis		dv .	
jed . . inženýr		dv .	
jed . . taška		dv .	
jed . . sestra		dv .	
jed . . Češka		dv .	
jed . . restaurace		dv .	
jed . . kufr		dv .	
jed . . dělník		dv .	
jed . . přítelkyně		dv .	
jed . . studentka		dv .	
jed . . křeslo		dv .	
jed . . babička		dv .	
jed . . strýc		dv .	
jed . . teta		dv .	
jed . . dědeček		dv .	
jed . . parkoviště		dv .	
jed . . pokoj		dv .	
jed . . stanice		dv .	
jed . . bar		dv .	
jed . . čaj		dv .	
jed . . rohlík		dv .	
jed . . křeslo		dv .	
jed . . pivo		dv .	
jed . . citron		dv .	
jed . . vejce		dv .	
jed . . skříň		dv .	
jed . . umyvadlo		dv .	

Lektion 4

Buch S. 54

😊 **Ergänzen Sie die fehlenden Endungen.**
Beschreiben Sie die Regeln zur Bildung von Nominativ und Akkusativ
Sg. und Pl. bei Substantiven und Adjektiven:

Tady je ještě jed__   švestkov_ knedlík.
Dám si ještě jed__   švestkov_ knedlík.
                     Švestkov_ knedlík_   jsou moje specialita.
       Dám si čtyři   švestkov_ knedlík_.

Tady je ještě jedn_   švestkov_ bucht_.
Dám si ještě jedn_   švestkov_ bucht_.
                     Švestkov_ bucht_   jsou moje specialita.
       Dám si čtyři   švestkov_ bucht_.

Tady je ještě jedn_   pečen_ jablk_.
Dám si ještě jedn_   pečen_ jablk_.
                     Pečen_ jablk_   jsou moje specialita.
       Dám si čtyři   pečen_ jablk_.

Tady je ještě jed__   pečen_ pstruh.
Dám si ještě jed__   pečen__ pstruh_.
                     Pečen_ pstru__   jsou moje specialita.
       Dám si čtyři   pečen_ pstruh_.

😊 **Bestellen Sie im Restaurant:** Co si dáte? Dám si grilovaná kuřecí křidýlka.

Maso:	**Zelenina:**	**Teplé nápoje:**
vepřová pečeně	dušená brokolice	turecká káva
hovězí guláš	grilovaná paprika	italské espresso
kuřecí řízek	smažený květák	černý čaj
smažený kapr	vařené fazolky	horká čokoláda
Přílohy:	**Moučníky:**	**Studené nápoje:**
vařené brambory	borůvkové lívance	pomerančový džus
dušená rýže	čokoládový dort	perlivá minerálka
houskové knedlíky	vanilková zmrzlina	domácí limonáda
smažené hranolky	jablečný závin	nealkoholické pivo

Lektion 4 Buch S. 54

😊 **Achten Sie genau auf die Endungen der harten und weichen Adjektive im Singular und im Plural. Wo kommt es zum Konsonantenwechsel?**

Nominativ **Singular**

hezký muž	hezký dům	hezká žena	hezké auto
elegantní muž	elegantní dům	elegantní žena	elegantní auto

Nominativ **Plural**

hezcí muži	hezké domy	hezké ženy	hezká auta
elegantní muži	elegantní domy	elegantní ženy	elegantní auta

😊 **Bilden Sie Dialoge im Plural. Verwenden Sie dabei diese Adjektive:**

chytrý, hodný, dobrý, krásný, moudrý, laskavý, pilný, rozumný, šikovný, veselý
originální, kreativní, solidní, charakterní, inspirativní, geniální, atraktivní, boží

Víte, že jste hezcí a milí? – Děkujeme za kompliment. Vy jste zase…
Moji kolegové jsou hodní, chytří, milí … . A tvoji kolegové?
Moji sourozenci, rodiče, přátelé jsou … . A tvoji … ?
Moje sestřenice, kamarádky, kočky jsou … . A tvoje …?
Moje boty, vlasy, cédéčka, domácí úkoly, brýle, kalhoty jsou … . A tvoje … ?

😊 **Schauen Sie genau auf die Endungen der harten und weichen Adjektive im Akkusativ Singular und Plural. Kommt es hier zum Konsonantenwechsel?**

Akkusativ **Singular**

hezkého muže	hezký dům	hezkou ženu	hezké auto
elegantního muže	elegantní dům	elegantní ženu	elegantní auto

Akkusativ **Plural**

hezké muže	hezké domy	hezké ženy	hezká auta
elegantní muže	elegantní domy	elegantní ženy	elegantní auta

😊 **Bilden Sie Dialoge mit dem Akkusativ Plural**

chytrý, hodný, dobrý, krásný, moudrý, laskavý, pilný, rozumný, šikovný, veselý
originální, kreativní, solidní, charakterní, inspirativní, geniální, atraktivní, boží
partner, partnerka, rodiče, sourozenci, syn, dcera, děti

Přála bych si … . A ty?
Mám hodné, chytré, milé … kolegy a … . A ty?
Mám … sourozence, … rodiče, … přátele, … . A ty?
Mám … sestřenice, … kamarádky, … kočky, … . A ty?
Mám … boty, … vlasy, … cédéčka, … brýle, … kalhoty, … šaty. A ty?

Lektion 4

Buch S. 54

😊 **Vergleichen Sie die Konjugation der j-Verben „kupuje" und „kryje"**

kupovat		krýt	
kupuji/u		kryji/u	

pracovat		hrát	
pracuji/u		hraji/u	

děkovat		přát	
děkuji/u		přeji/u	

milovat		žít	
miluji/u		žiji/u	

jmenovat se		mýt	
jmenuji/u se		myji/u	

telefonovat		smát se	
telefonuji/u		směji/u se	

opakovat		bít	
opakuji/u		biji/u	

tancovat		pít	
tancuji/u		piji/u	

Lektion 4

Buch S. 54

😊 **Ordnen Sie den Bildern passende j-Verben zu und ergänzen Sie die fehlenden Endungen in den Sätzen unterhalb.**

Hra___ fotbal, a vy? Nep___ alkohol, když vím, že pojedu autem.

Proč se smě___? Ahoj babičko, př___ ti všechno nejlepší.

My___ Andulka ráda nádobí? Co si pře___ k narozeninám?

Na co hra___? Jsme Rakušanky, ale ži___ už rok v Česku.

Kde jsi ž___ jako dítě? Kdo vyh___?

Nic jsem nep___. Um___ jsem auto.

Lektion 4

Buch S. 56

😊 **Verneinen Sie:**

😊	☹
Ano.	
Mám čas.	
Chci tě vidět.	
Vím všechno.	
Byl(a) jsem doma.	
Umím jak italsky, tak francouzsky.	

😊 **Bilden Sie aus den Fragewörtern in der Tabelle unbestimmte und negative Pronomen und Adverbien:**

kdo	někdo	nikdo
co		
kde		
kdy		
kam		
odkud		
jak		
jaký		
který		žádný

😊 **Beantworten Sie diese Fragen negativ:**

Je tady někdo?
Jedeme někam?
Chceš něco?
Víte někdy něco?

Tady nikdo není!

Lektion 4

Buch S. 49

😊 **Beantworten Sie die Fragen zum Text der Lektion 4:**

Jak se jmenují obyvatelé Prahy?
___

Jak se paralelně k tomu jmenují obyvatelé Brna a Vídně?
___

Která roční období jsou vyjmenovaná v textu?
___

Kdy je nejlepší jet do Prahy?
___

Jak se jmenuje řeka, která protéká Prahou?
___

Které pražské památky jsou vyjmenované v textu?
___

Co je na obrázku u textu?
___

Je Petřín
a) hrad   b) pivovar   c) kopec s rozhlednou, kam chodí mladí lidé na rande?

Je Stromovka
a) hlavní pražský bulvár   b) park   c) divadlo?

Co je na Staroměstském náměstí?
a) orloj   b) Týnský chrám   c) Karlův most

Lektion 5 Buch S. 70

😊 Ordnen Sie die unten stehenden Präpositionen = předložky dem entsprechenden Kasus in der Tabelle zu und tragen Sie diese ins Bild ein:

2. pád	
3. pád	
4. pád	
6. pád	
7. pád	

s, do, pro, v, nad, z, od, pod, vedle, u, před, za, mezi, blízko, k, bez, proti, naproti, kolem, okolo, podél, o, přes, skrz

Achtung: Die Präpositionen na, nad, pod, před, za und mezi verbinden sich je nach Kontext mit zwei unterschiedlichen Fällen.

😊 Malen Sie auf dem Bild einige Personen und Tiere dazu und beschreiben Sie dann das Bild, indem Sie möglichst viele Präpositionen verwenden:

Lektion 5

Buch S. 70

😊 **Bilden Sie ähnliche Dialoge mit der Präposition z und mit dem Genitiv:**

Odk□ js□?

Js□ z Austr□.

A od□ js□ v□?

M□ js□ ze Švýcars□.

Ó, Švýcars□ j□ krás□ země.

Kanada, Česká republika, Litva, Čína, Praha, Ostrava, Bratislava, Moskva
Itálie, Francie, Velká Británie, Brazílie, Florencie, Vídeň, Paříž, Poznaň
Rusko, Česko, Rakousko, Německo, Brno, Znojmo, Oslo, Monte Carlo, Palermo

😊 **Bilden Sie Dialoge mit den Präpositionen do, z, blízko, und u:**

Cestujeme vlakem

Odkud jste?
Jedete do ..., nebo do ...?
Odkud jedete?
Bydlíte blízko ... ?

Plánujeme program na víkend

– Pojedeme na výlet do Freistadtu?
– Ne, pojedeme do Krumlova.

Bavíme se o sousedovi

– Je František z Frankfurtu?
– Ne, František je z Děčína.

Bavíme se o geografii

– Kde je Mikulov? U Brna?
– Ne, blízko rakouské hranice.

Lektion 5

Buch S. 70

☺ **Tragen Sie in der ersten Zeile die entsprechende Kategorie (M, F, N, belebt, unbelebt, hart, weich) ein. Beantworten Sie mit den blau gedruckten Wörtern und mit den Präpositionen *od*, *z* + 2. F. die Fragen *Od koho? Odkud?* und tragen Sie die Antworten ins entsprechende Feld ein.**

	pán	hrad	stroj	žena	růže, píseň	město	moře, stavení
	M hart	M weich	M hart	M weich	F hart	F weich	N hart	N weich
	od tatínka	od strýce	z Badenu	z Lince	z Prahy	z Vídně	z Rakouska	z Dvořiště

Nizozemí, Dánsko, Paříž, Bratislava, Hradec, Bern, Texas, Bangladéš, Česká republika, Indie, Monte Carlo, Ústí nad Labem, bistro, obchod, ambulance, pošta, supermarket, kino, pokoj, ulice, univerzita, fitko, archiv, kolej, lékárna, nemocnice, knihovna, sestra, šéf, sousedka, profesor Novák, bratranec, babička, kamarádka, přítelkyně, tchyně, neteř, Tomáš, Marek, doktor

Lektion 5

Buch S. 70

😊 Verbinden Sie die Namen der Städte = **jména měst** mit den Präpositionen **do** und **z** und mit dem Genitiv. Achten Sie in der Kategorie M belebt hart auf den Unterschied zwischen den tschechichen bzw. „eingetschechischten" Ortsnamen und den nicht tschechischen Ortsnamen:

cizí města		česká města	
1. Fall	do, z + 2. Fall	1. Fall	do, z + 2. Fall
Salzburg	do Salzburgu	Chomutov	do Chomutova
Innsbruck		Děčín	
Bern		Tábor	
Mnichov	do Mnichova	Prostějov	
Berlín		Zlín	
Londýn		Český Krumlov	
Řím		Mikulov	
Marakeš	do Marakeše	Liberec	do Liberce
Linec		Hradec Králové	
Moskva	do Moskvy	Praha	
Varšava		Ostrava	
Kostnice	do Kostnice	Kaplice	
Florencie		Nová Bystřice	
Paříž		Třebíč	
Vídeň		Plzeň	
Oslo	do Osla	Brno	
Palermo		Znojmo	
Tokio		Uherské Hradiště	
Dillí		Ústí nad Labem	

Lektion 5   Buch S. 70

😊 **Ordnen Sie die Werke in der Tabelle ihren Autoren zu, indem Sie die Frage beantworten** Od koho je … ?

ta symfonie?	
ten film?	
ten román?	
ten obraz?	

Karel Čapek, Alfons Mucha, Antonín Dvořák, Miloš Forman

😊 **Beantworten Sie die Frage** Od koho je ten dárek?

 *bratr, sestra, maminka, tatínek, babička, dědeček, teta, strýc, bratranec, sestřenice, kamarád, kamarádka, Martina, Filip, Daniel, Nora, Lucie, pan profesor, paní profesorka*

_____

_____

_____

_____

Od Mikuláše asi dostanu ……………   Od Ježíška snad dostanu ……………

😊 **Fragen Sie nach dem Besitzer:** Čí je ten pes? To je pes paní Novákové.

ten mobil?	To je mobil pana Nováka.	… kniha	
ta taška?	To je …	… kolo	
to auto?		… kočka	
ten slovník		… prase	

profesor Jelínek, doktorka Krátká, docent Jedlička, Petr a Milan, Jana a Magda, babička a dědeček, sedlák Vendelín

Lektion 5

Buch S. 70

🙂 **Achten Sie auf die Ähnlichkeiten der Genitivendungen bei den Adjektiven, Demonstrativ- und Possessivpronomen:**

ten jeden můj chytrý bratr	od toho jednoho mého chytrého bratra
ten jeden tvůj geniální šéf	u
ten jeden jeho nový dům	do
ten jeden její senzační koláč	bez
ta jedna jeho milá teta	u té jedné jeho milé tety
ta jedna naše inteligentní tchyně	vedle
to jedno vaše krásné město	z
to jedno jejich moderní letiště	blízko

🙂 **Raten Sie = Hádejte:**

Od koho je ten dort? Od tvé milé babičky? – Ne. – Tak od ….? – Taky ne. – Tak od ….? – No jasně 🙂
U koho jsi byl/a na návštěvě? U našeho strýce? – Ne. Tak u ….? – Taky ne. – Tak u ….? – Přesně tak.
Kam neseš ten klavír? Do mého bytu? – Ne. – Tak do ….? – Taky ne. – Tak do ….? – To je ono.
Vedle koho jsi seděl/a v kostele? Vedle svého nového přítele? – Ne. – Tak vedle ….? – Taky ne. – Tak …
Odkud je tvoje sousedka? Z Českého Krumlova? – Ne. Tak z ….? – Taky ne. – Tak z ….? Teď to víš 🙂
Kde je tvůj nový byt? Blízko hlavního nádraží? – Ne. Tak blízko …? – Taky ne. – Tak blízko …? – Jo.
Zapomněli jsme koupit bílé víno. – Musíme se obejít bez bílého vína. – A taky jsme zapomněli koupit …

Lektion 5

Buch S. 71

😊 **Lesen Sie den Dialog und finden Sie dort alle Adjektive und Adverbien. Achten Sie auf ihre Endungen und den Kontext, in dem sie vorkommen:**

Co je ti? Vypadáš unaveně.
Jsem úplně hotový.
Je ti špatně?
Ne, to ne, ale psali jsme teď dlouhý a těžký test.
A napsal jsi ho dobře?
Šlo mi to pomalu. Mám asi všechno správně,
ale chybí mi poslední úkol.
Tak to není tak špatné, to bude dvojka, ne?
Nejsem si tak jistý. Uvidíme.
No jasně, ty šprte!

😊 **Machen Sie die Übungen auf der nächsten Seite und füllen Sie dann die Lücken aus:**

Co je ti? Vypadáš unaven__.
Jsem úpln__ hotov__.
Je ti špatn__?
Ne, to ne, ale psali jsme teď dlouh__ a těžk__ test.
A napsal jsi ho dob__?
Šlo mi to pomal__. Mám asi všechno správn__,
ale chybí mi posledn__ úkol.
Tak to není tak špatn__, to bude dvojka, ne?
Nejsem si tak jist__. Uvidíme.
No jasn__, ty šprte!

😊 **Sehen Sie sich die Bilder an und bilden Sie ähnliche Dialoge:**

Lektion 5

Buch S. 71

😊 **Achten Sie auf die Endungen der Adjektive und der Adverbien:**

Adjektiv	Adverb		Adjektiv	Adverb	
krásný (-á, -é)	krásně	schön	hezký (-á, -é)	hezky	schön
špatný (-á, -é)	špatně	schlecht	český (-á, -é)	česky	tschechisch
dobrý (-á, -é)	dobře	gut	německý (-á, -é)	německy	deutsch
krátký (-á, -é)	krátce	kurz	anglický (-á, -é)	anglicky	englisch
drahý (-á, -é)	draze	teuer	dlouhý (-á, -é)	dlouho	lang(e)
rychlý (-á, -é)	rychle	schnell	častý (-á, -é)	často	häufig
teplý (-á, -é)	teple	warm	pomalý, (-á, -é)	pomalu	langsam

😊 **Beachten Sie genau, worauf sich die Adjektive bzw. Adverbien im Satz beziehen:**

Příklad	Co je to?	Proč?
Učíte se dlouho česky?	dlouho, česky – Adv.	Protože závisí na „učit se".
Čeština není těžká.		
Ale už mluvíte docela dobře.		
Jděte rovně.		
Učím se těžko a pomalu.		
Nakreslete dlouhou linku.		
To je docela dobrý nápad.		
Jana má dlouhé rovné vlasy.		

😊 **Bilden Sie ähnliche Dialoge:**

Je mi chladno. – Tak víš co? Půjdeme do kavárny. Tam ti bude teplo.
Je mi horko.
Je mi smutno.
Je mi špatně.

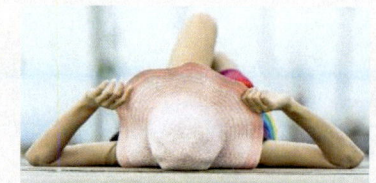

Lektion 5

Buch S. 71

Entscheiden Sie, wo Sie ein Adjektiv verwenden und wo ein Adverb. Begründen Sie Ihre Entscheidung:

gut	dobrý koláč	Pracuji dobře.	schlecht	.... mléko	Hraje ....
alt	.... dům	Vypadá	neu	.... auto	.... otevřený
lustig	.... kniha	Směje se	traurig	.... film	Film končí ....
gerade	.... ulice	Jděte	schief	.... strom	Píše ....
schnell	.... vlak	Jede	langsam	.... proces	Jedeme ....
lang	.... vlasy	Trvá to	kurz	.... cesta	Mluvil ....
schwer	.... kufr	Jde to	leicht	.... test	Učím se ....
teuer	.... jízdenka	Prodal to	billig	.... tričko	Koupil to ....
hübsch	.... pokoj	Maluje	hässlich	.... boty	Zpívá ....

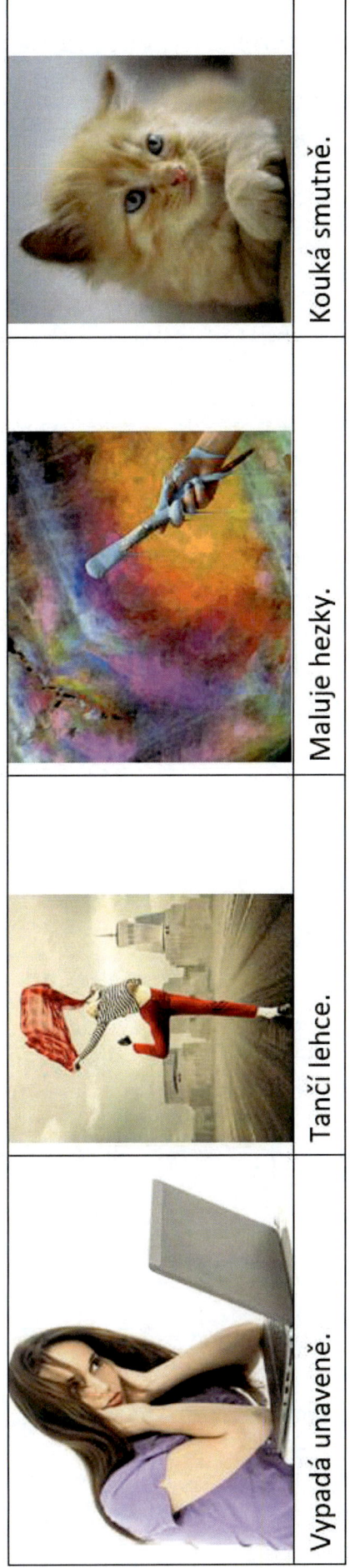

Vypadá unaveně.	Tančí lehce.	Maluje hezky.	Kouká smutně.

Lektion 5

Buch S. 75

😊 **Ordnen Sie folgende Zeitangaben = časové údaje:**

tento měsíc, tento týden, v poledne, odpoledne, včera, pozítří, příští týden, večer, minulý rok / loni, předevčírem, dopoledne, tento rok / letos, dnes, příští měsíc, minulý týden, minulý měsíc, příští rok, zítra, ráno

vorgestern	gestern	heute	morgen	übermorgen

am Morgen	am Vormittag	zu Mittag	am Nachmittag	am Abend

vergangene Woche	diese Woche	nächste Woche

vergangenen Monat	diesen Monat	nächsten Monat

vergangenes Jahr	dieses Jahr	nächstes Jahr

😊 **Sprechen Sie über Ihre Pläne = vaše plány:**

dnes večer	musím	odpočívat / relaxovat
zítra	chci	učit se na zkoušku
pozítří	bych chtěl(a)	(o)slavit začátek semestru
příští týden	bych měl(a)	začít studovat filozofii
příští víkend	budu muset	jít s přáteli na koncert
příští měsíc	mám chuť	(u)končit studium a najít si práci
příští rok	plánuju, že	(u)dělat pořádek v pokoji
za pět let	mám v plánu, že	vdát se / oženit se a mít děti
za deset let	představuju si, že	jít do penze
za čtyřicet let	můj cíl je, že	jet na hory

Lektion 5

Buch S. 65

😊 **Lesen Sie den Text zur Lektion 5** Známá města v České republice – Brno **und ergänzen Sie die fehlenden Wortteile:**

Brno je známé veletržní město, ale vás asi budou zajímat více památky v centru města: Pet___, Špil___, Stará rad___, Mor___ galerie a brněnská diva___. Pokud se nebojíte, můžete si zajít i do kapucínského kláš___ a prohlédnout si mu___. Jestli vás zajímá moderní architektura, funkci___, pak má pro vás Brno skvost. Je to vila Tuge___. V třicátých letech si nechala tuto vilu postavit mladá rodina podnikatele v textilním průmyslu. Vystavěl ji světoznámý architekt Ludwig Mi___ van der Ro___. Hned na počátku mu bylo řečeno, že peníze nehrají roli. Vila stojí na svahu, nenápadná z ulice. Obývací pokoj je zepředu zcela prosklen, jako výkladní skříň, s nádherným výhledem na Brno, Pet___ a jiné památky. Možná budete mít čas navštívit některá zajímavá místa v okolí Brna, například Mo___ kr___, prop___ Mac___ nebo zámky Led___ a Valt___, mezi nimiž je nádherná kulturně upravená krajina. V Led___ má zahradnictví dlouhou tradici již z dob mocnářství. V roce 1918 se tamější zahradnická šk___ rozdělila a usídlila se ve Vídni, v Schön___.

😊 **Beantworten Sie diese Fragen:**

1. Jezdí turisté do Brna na veletrh?
2. Jak stará je vila Tugendhat?
3. Proč je dodnes moderní?
4. Má Brno zajímavé okolí?

😊 **Sprechen Sie über die Stadt Brünn =** Brno**:**

Brno   Vila Tugendhat   Moravský kras

Lektion 6 Buch S. 82

😊 Lesen Sie folgende Dialoge und ändern Sie diese mit den kursiv geschriebenen Wörtern. Achten Sie dabei auf den Genitiv Plural:

Co je ti?

Je mi špatně. Přejedl jsem se špekových knedlíků a povidlových taštiček.

No, to je tedy pěkná kombinace. 😊

vepřové medailonky (M), švestková povidla (N), rybí prsty (M), kuřecí prsíčka (N), kapustové karbanátky (M), makové buchty (F), vanilkové rohlíčky (M), jahodové knedlíky (M)

To je dobrá bowle, z čeho se dělá?

Z malin, z borůvek, z ostružin a z červeného vína.

Mňam.

třešně (F), pomeranče (M), mandarinky (F), citrony (M), limetky (F), jahody (F), broskve (F), brusinky (F)

Prosím hovězí vývar.

S nudlemi?

Bez nudlí. Jen se zeleninou. Mám bezlepkovou dietu.

s noky (M), s játrovými knedlíčky (M), s krutony (M)

Dáte si dezert?

Ano prosím, zmrzlinový pohár se šlehačkou, ale bez jahod. Jsem na ně alergická.

Jak si přejete, hned ho přinesu.

banány (M), hrušky (F), oříšky (M), mandle (F), rozinky (F), oplatky (M)

Lektion 6

Buch S. 82

😊 **Achten Sie auf den Genitiv Plural im Kontext mit den anderen Pluralformen:**

	hart ptkbdh…	weich žščřďťňcj	hart -a	weich -e, -ě, Kon.	hart -o	weich -e, -ě	weich -í	Sg. weich Pl. hart
1.	hrady	stroje	ženy	růže	města	moře	stavení	kuřata
2.	hradů	strojů	žen	růží, ulic	měst	moří, hřišť	stavení	kuřat
3.	hradům	strojům	ženám	růžím	městům	mořím	stavením	kuřatům
4.	hrady	stroje	ženy	růže	města	moře	stavení	kuřata
6.	hradech	strojích	ženách	růžích	městech	mořích	staveních	kuřatech
7.	hrady	stroji	ženami	růžemi	městy	moři	staveními	kuřaty

😊 **Tragen Sie in diese Tabelle alle Pluralformen ein, die Sie schon kennen:**

1.	knedlíky	koláče	brambory	nudle	jablka	vejce	koření	rajčata
2.						vajec		
3.								
4.								
6.								
7.								

😊 **Bilden Sie den Genitiv Plural mit der Präposition bez:**

houskové knedlíky	bez houskových knedlíků	čerstvé jahody	bez čerstvých jahod
bramborové noky		zralé meruňky	
frankfurtské párky		sladké hrušky	
slané rohlíky		čerstvé maliny	
vlašské ořechy		zralé ostružiny	
sušené fíky		sušené švestky	
nestříkané citrony		lesní borůvky	
zralé pomeranče		sladké rozinky	
makové koláče		boloňské špagety	
červená jablka		pražené mandle	
slepičí vajíčka		zralé broskve	
koktejlová rajčata		černé třešně	

Lektion 6

Buch S. 82

😊 **Verbinden Sie die blau gedruckten Verben mit dem Genitiv:**

ptát se, zeptat se, vážit si, bát se, všímat si, všimnout si

Když neznám cestu, zeptám se ...

Když chci vědět, co se teď hraje v divadle, zeptám se ...

Když zapomenu, kdy bude test, zeptám se ...

Na cestu se nikdy neptám ...

Na kulturní program se nikdy neptám ...

Na termíny zkoušek se nikdy neptám ...

Která povolání mají u tebe nejvyšší prestiž? – Vážím si ...

Často si zapomínám vážit ...

Z čeho máš strach? – Bojím se ... Ale nebojím se ...

Na co se díváš, když jdeš po ulici? – Všímám si ...

Na co vůbec nedáváš pozor, když jdeš po ulici? – Nevšímám si ...

Když jsem byla na večírku u kamarádky, všimla jsem si ...

Když jsem psal test, nevšiml jsem si ...

Lektion 6

Buch S. 82

😊 **Bilden Sie unpersönliche Konstruktionen mit dem reflexiven Passiv.**
   Unten finden Sie dazu passende Vokabeln:

Co se dnes hraje v kině?	**Was** spielt man heute im Kino?
Jak	**Wie** sagt man Tisch auf Tschechisch?
Jak	**Wie** macht man Palatschinken?
Kde	**Wo** kauft man Fahrkarten?
Kdy	**Wann** zahlt man die Miete?
Kdy	**Wann** feiert man Weihnachten?
Kolik	**Wie viel** Trinkgeld gibt man dem Kellner?
Proč	**Warum** muss man im Voraus zahlen?
Jak to, že	**Wieso** darf man hier nicht parken?
Jak to, že	**Wieso** darf man hier nicht rauchen?
Kam	**Wohin** gibt man Abfälle?
Odkud	**Woher** nimmt man das Material?
Čím	**Womit** kann man hier zahlen?
Čím	**Womit** öffnet man Flaschen?
Čím	**Womit** reinigt man Eisflecken?
Čím	**Womit** portioniert man Torten?
Čím	**Womit** schreibt man an die Tafel?
Z čeho	**Woraus** macht man Mayonnaise?
Z čeho	**Woraus** macht man Beton?

Verben:

dělat (dělám), psát (píšu), dávat (dávám), slavit (sla . . .), parkovat (park . . .), platit (plat . .), brát (beru), otvírat (otvír . .), hrát (hra . .), kupovat (kup . . .), čistit (čist . .), říkat (řík . .), kouřit (kouř . .), muset (mus . .), smět (sm . .)

Substantive:

nájem (M   ), stůl (T   ), palačinka (P   ), láhev (F   ), skvrna (F   ), dort (T   ), beton, materiál, odpadek (A   ), zmrzlina (E   ), tabule (T   ), spropitné (T   ), Vánoce (W   ), jízdenka (F   ), číšník (K   )

Lektion 6

Buch S. 82

😊 **Bilden Sie Dialoge mit unpersönlichen Konstruktionen:**

Evo, jak se řekne	Prost!	česky
	Mach's gut!	latinsky
	Wie viel kostet das?	francouzsky
	Wie gehts?	anglicky
	Hallo!	švédsky

Martine, z čeho se dělá	pivo
	beton
	guláš
	disperzní barva
	multivitamínový džus
	pasta na zuby

Prosím vás, co se dneska hraje v	kino
	divadlo
	kabaret
	cirkus
	letní kino
	kulturní dům

Babi, čím se	otvírat láhev piva	pila
	otvírat láhev vína	ocet
	zapalovat svíčku	otvírák
	čistit skvrny od ovoce	zapalovač
	řezat dřevo	lžíce
	jíst polévku	vývrtka

Lektion 6

Buch S. 82

😊 **Bilden Sie Dialoge mit unpersönlichen Konstruktionen.**
Achten Sie darauf, dass nicht alle Kombinationen möglich sind:

	Prosím vás, může se	tady	parkovat
	Prosím vás, smí se	u vás	kouřit
	Prosím vás, lze		platit kartou
	Prosím vás, je možné		stanovat
			fotit
			vyměnit peníze
			uschovat zavazadla
			rezervovat stůl pro dva

	😊	☹
	Ano, samozřejmě.	Asi ne, moment, zeptám se kolegy.
	Ano, jistě.	Ne, je mi líto.
	Jo, jasně.	Bohužel ne.
	Ano, ale jen … .	Ne, u nás to nejde.
		Ale zkuste se zeptat …

	Výborně, děkuji.	Dobře, přesto děkuji.
	Prima, díky.	Škoda.
	To je perfektní.	Nevíte, kde by to šlo?
	Děkuju vám mockrát.	

😊 **Bilden Sie Dialoge mit unpersönlichen Konstruktionen.**
Achten Sie auf die stilistischen Unterschiede (formell vs. informell).

Babi, jde	otvírat láhev piva	pila
Pane profesore, lze	otvírat láhev vína	ocet
	zapalovat svíčku	otvírák
	čistit skvrny od ovoce	zapalovač
	řezat dřevo	lžíce
	jíst polévku	vývrtka

Lektion 6

Buch S. 83

☺ **Bilden Sie Sätze mit der Präposition na und mit den kursiv gedruckten Wörtern. Achten Sie auf den Unterschied zwischen den Antworten auf die Fragen „Wo?" und „Wohin?":**

Karel nese pivo na stůl. Pivo už stojí na stole.

židle, gauč, koberec, polička, skříňka, stolek, postel, křeslo, věšák, záchod, deka, polštář, umyvadlo, okno, podlaha, sporák, hřiště, koupaliště, pískoviště, stadion, louka, pole, hora, procházka, výlet, zájezd, výstava, přednáška, prohlídka, oslava, finanční úřad, policejní stanice, gymnázium, obchodní akademie, vysoká škola, slavistický institut, filologická fakulta, sever, jih, východ, západ, Šumava, Morava, Slovensko, Ukrajina, Kuba, Havaj, Mallorca, Borneo, Kypr, Sicílie, Sumatra

Kam? → na + 4. Fall				Kde? → na + 6. Fall			
na stůl (h)	na střechu (h)	na pole (w)		na stole (h)	na střeše (h)	na poli (w)	

Lektion 6 Buch S. 83

☺ **Bilden Sie Sätze mit den Präpositionen do und v und mit den kursiv gedruckten Wörtern. Achten Sie auf den Unterschied zwischen den Antworten auf die Fragen „Wo?" und „Wohin?":**
Jirka skáče do bazénu. Děti se koupou v bazénu.

skříň, zásuvka, trouba, vana, krb, botník, postel, trezor, pokoj, koupelna, ložnice, obývák, kuchyň, sklep, garáž, bazén ordinace, ambulance, třída, tělocvična, fitko, pekařství, papírnictví, květinářství, železářství, lékárna, kavárna, trafika Praha, Brno, Zlín, Vídeň, Hamburg, Bratislava, Tokio, Brusel, Česko, Rakousko, Německo, Itálie, Francie, Čína, Pákistán

Kam? → do + 2. Fall

do bazénu (h)	do trouby (h)	do květinářství (w)

Kde? → v + 6. Fall

v bazénu (h)	v troubě (h)	v květinářství (w)

Lektion 6

Buch S. 81

😊 **Beantworten Sie diese Fragen:**

Od kdy do kdy existovala první republika?
Jak se jmenoval první československý prezident?
Kdo byl poslední komunistický prezident?
Kdo byli první, druhý a třetí prezident České republiky?

😊 **Tragen Sie die Ordnungszahlen = řadové číslovky in die Tabelle ein:**

1.	první	11.		10.	
2.	druhý	12.		20.	
3.	třetí	13.		30.	
4.		14.		40.	
5.		15.	patnáctý	50.	
6.		16.		60.	
7.		17.		70.	
8.		18.		80.	osmdesátý
9.		19.		90.	
10.		20.		100.	

😊 **Beantworten Sie diese Fragen:**

Kdo dostane zlatou medaili?
Kdo dostane stříbrnou medaili?
Kdo dostane bronzovou medaili?

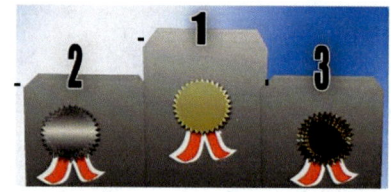

😊 **Ordnen Sie den Ordnungszahlen první, druhý, třetí, čtvrtý, pátý etc. passende Substantive zu:**

první den	první pomoc	první místo

rok, ruka, pivo, dům, řada, dítě, pokus, žena, auto, bod programu, stanice, kolo, smysl, lekce, století

Lektion 6

Buch S. 77

😊 **Lesen Sie den Text Běžecký závod im Buch auf Seite 77.
Lesen Sie dann den folgenden Text und finden Sie die Unterschiede:**

Běžecký závod
Holčička s maminkou sledují start nějakého plaveckého závodu a holčička se ptá:
„Proč plavou ty paní?" A matka vysvětluje: „Protože první dostane medaili!"
A holčička se – celkem logicky – ptá dál: „A proč plavou ty ostatní?"

😊 **Erzählen Sie anhand des Textes oben die ursprüngliche Geschichte:**

😊 **Erzählen Sie den ursprünglichen Text im Präteritum.
Vater und Sohn sehen sich das Ende eines Wettlaufs an:**

😊 **Lesen Sie den Text Běžecký závod v Africe im Buch auf Seite 77.
Ändern Sie den Text, indem Sie mit folgenden Wörtern beginnen:**

Dva Američané, ...

Američanka, ...

Tři Američanky, ...

😊 **Reflektieren Sie in den geänderten Texten die Rechtschreibung
von i und y in den Endungen der Partizipien in Bezug auf das Geschlecht.
Welches Geschlecht hat das Wort dítě im Plural?**

Lektion 7

Buch S. 98

😊 **Achten Sie auf die harten unbelebten Maskulina in den folgenden Sätzen:**

Podíváme se do hrad**u** a pak půjdeme do les**a** na ostružiny.
Nepůjdu s tebou do obchod**u**, podívám se do kostel**a**.
Půjdeme se koupat do bazén**u**, nebo do rybník**a**?

😊 **Sehen Sie sich die Liste der harten unbelebten Maskulina mit dem Genitiv auf -a an und malen Sie ein Bild mit einigen von diesen Wörtern:**

chléb, sýr, ocet, oběd

kostel, klášter, komín, kout, sklep, hřbitov,
les, potok, rybník, ostrov, mlýn, dvůr, venkov, domov

svět, národ, jazyk, zákon
Tábor, Zlín, Benešov, Krumlov, Londýn, Berlín, Mnichov, Řím…

večer, čtvrtek, dnešek, zítřek, včerejšek
leden, únor, březen, duben, květen, červen, srpen, říjen

😊 **Schreiben Sie eine kurze Geschichte. Verwenden Sie dabei möglichst viele harte unbelebte Maskulina mit dem Genitiv auf -a:**

_____
_____
_____
_____
_____
_____

😊 **Beantworten Sie folgende Fragen:**

kostel, park, klášter, zámek, hrad, obchod, klub, hotel, bar, bankomat, rybník, obchodní dům, les, ateliér, most, finanční úřad, hřbitov

1. Jak se řekne německy kostel?
2. Kam jdeš? (do, na)
4. Co vidíš z okna?
6. Kde jsi byl(a)? (v, na)

Lektion 7 Buch S. 99

😊 **Lesen Sie den Dialog und achten Sie dabei auf die Kardinalzahlen:**

Dobrý den, hotel Modrá hvězda, recepce, Musilová, prosím.
Dobrý den, tady je Maier, prosím vás, máte příští týden volný dvoulůžkový pokoj?
Moment, podívám se. Ano, máme. Od kdy do kdy?
Od pondělí do pátku.
Dobře, čtyři noci od pondělí do pátku... na jméno...
Martin Maier.
Píše se vaše jméno s ai nebo s ey?
A jako Adam a I jako Ivan.
Dobře, děkuji.
Ještě prosím vaši e-mailovou adresu a telefonní číslo.
martin tečka maier zavináč gmail tečka com
A moje telefonní číslo je 0043 7236 40 434.
Výborně, děkuji. Jsme na recepci denně od pěti ráno do jedenácti večer. Těšíme se na vás.
Děkuji mockrát. Na shledanou.

😊 **Sehen Sie sich die Bilder an und führen Sie ähnliche Telefonate mit Hilfe der grünen Stichwörter:**

Příští týden, první týden v prosinci, poslední týden v lednu...
Jedno-, dvou-, tří-, čtyřlůžkový pokoj
Od kdy do kdy?
Na jaké jméno?
Jak se píše vaše jméno?
e-mailová adresa, tečka, zavináč
Od kolika do kolika? Od šesti do dvanácti. 24 hodin denně.

Lektion 7

Buch S. 106

😊 **Legen Sie die richtige Reihenfolge der Wochentage = dny v týdnu fest. Beantworten Sie dann die folgenden Fragen:**

středa, čtvrtek, pondělí, úterý, neděle, pátek, sobota

Byla **předevčírem** neděle?
Co bylo **včera** za den?
Který je **dnes** den?
Je **zítra** středa?
Co bude **pozítří** za den?

Od kdy do kdy jste na univerzitě?
Od kdy do kdy jste v práci?
Od kdy do kdy má muzeum otevřeno?

St	1	Svátek práce
Čt	2	Zikmund
Pá	3	Alexej, Alex
So	4	Květoslav
Ne	5	Klaudie / Květnové povstání českého lidu
Po	6	Radoslav
Út	7	Stanislav
St	8	Den vítězství
Čt	9	Ctibor
Pá	10	Blažena
So	11	Svatava
Ne	12	Pankrác
Po	13	Servác

😊 **Verbinden Sie die Wochentage mit der Präposition v bzw. ve und dem 4. Fall und begründen Sie die Wahl der Endungen. Beantworten Sie dann die folgenden Fragen:**

▮ pondělí, ▮ úterý, ▮ středa, ▮ čtvrtek, ▮ pátek, ▮ sobota, ▮ neděle

Kdy máte češtinu?
Kdy chodíte sportovat?
Kdy máte volno?
Kdy přijdete na návštěvu?

😊 **Erkundigen Sie sich nach den Öffnungszeiten:**

Městský úřad
Úřední hodiny

	od - do	od - do
pondělí	8.00 - 11.30	12.30 - 16.00
úterý	8.00 - 11.30	12.30 - 14.00
středa	8.00 - 11.30	12.30 - 18.00
čtvrtek	8.00 - 11.30	12.30 - 14.00
pátek	8.00 - 11.30	

Národní galerie
Otvírací doba

	od - do
pondělí	zavřeno
úterý – neděle	10 – 18
středa	10 – 20

Lektion 7

Buch S. 106

😊 **Bringen Sie die Monate in die richtige Reihenfolge:**

prosinec, březen, únor, červenec, září, listopad, červen, leden, duben, srpen, květen, říjen

	Co je teď?		Kdy máš čas? v + 6. F.
1.		led = Eis	
2.			
3.		bříza =	
4.		dub =	
5.		květ =	
6.			
7.			
8.		srp =	
9.		zářit =	
10.		říje =	
11.		list = padat =	
12.			

😊 **Stellen Sie sich gegenseitig Fragen:**

Který měsíc máš nejraději?
Který měsíc nemáš rád(a)?
Kdy máš narozeniny?
Kdy mají otevřeno hrady a zámky?
Kdy jsou prázdniny?
Kdy jedeš na dovolenou?
Kdy jsou Vánoce?
Kdy jsou Velikonoce?

😊 **Ordnen Sie die Bezeichnungen der Jahreszeiten den Bildern zu und stellen Sie sich gegenseitig Fragen:**

Co je teď? Které roční období máš rád/a? Kdy ses narodil/a?

jaro   na podzim   v létě   zima   podzim   na jaře   v zimě   léto

Lektion 7

Buch S. 106

😊 **Sehen Sie sich die Sternzeichen = znamení zvěrokruhu an und variieren Sie den Dialog:**

Kozoroh	Vodnář	Ryby	Beran	Býk	Blíženci
22.12.-20.01.	21.01.-20.02.	21.02.-20.03.	21.03.-20.04.	21.04.-21.05.	22.05-21.06.
Rak	**Lev**	**Panna**	**Váhy**	**Štír**	**Střelec**
22.06.-22.07.	23.07.-22.08.	23.08.-22.09.	23.09.-23.10.	24.10.-22.11.	23.11.-21.12.

Kdy ses narodila?
V dubnu.
Aha, tak to jsi asi beran?
Ne, jsem býk. Ty jsi kozoroh, že jo?
Ano, narodila jsem se v lednu.

😊 **Diskutieren Sie über folgende Fragen:**

Jak dlouho trvá   zimní semestr?
                          letní semestr?
Jak dlouho trvají   letní prázdniny?
Od kdy do kdy jsou   vánoční prázdniny?
                          velikonoční prázdniny?
Od kdy do kdy má   zámek otevřeno?

😊 **Erkundigen Sie sich telefonisch nach den Öffnungszeiten:**

Zoologická zahrada je otevřena po celý rok denně.

Období	Otevírací doba
leden, únor	9.00–16.00
březen	9.00–17.00
duben, květen	9.00–18.00
červen, červenec, srpen	9.00–19.00
září, říjen	9.00–18.00
listopad, prosinec	9.00–16.00

Pavilony, stánky a restaurace zavírají v 19.00 hodin,
v areálu však můžete zůstat do 21.00 hodin.
Pokladny zavírají půl hodiny před koncem otevírací doby.
V červnu, červenci a srpnu se pokladny zavírají v 19.00 hodin.

Lektion 7

Buch S. 98

😊 **Achten Sie auf die Funktion des Genitivs bei Mengen- und Preisangaben:**

Hele, Maru, přišel nový prospekt z Terna.

Jo? A co tam píšou?

Že mají akci na pivo. Jedno pivo je za dvacet korun, ale když si koupíš dvacet piv, stojí to jen tři sta korun. Ušetříš stovku!

Pepo, ty vidíš jen to pivo. Za kolik mají mléko a máslo?

Na mléko mají taky slevu. Ale ne tak dobrou jako na pivo. Jeden litr stojí dvacet korun. A když si koupíš dvacet litrů, zaplatíš čtyři stovky. Neušetříš nic!

😊 **Führen Sie mit Hilfe der Bilder ähnliche Dialoge und variieren Sie dabei die Waren, deren Preise und die Währung:**

😊 **Machen Sie die Übungen auf den folgenden Seiten und füllen Sie dann die Lücken in diesem Dialog aus:**

Hele, Maru, při__ no__ prosp__ z Tern__.

Jo? A c__ t__ píš__?

Že ma__ akc__ na pi__. Jed__ pi__ j__ za dvac__ kor__, al__ kd__ si koup__ dvac__ pi__, sto__ to jen tř__ st__ kor__. Ušetř__ stov__!

Pep__, ty vid__ je__ t__ pi__. Za kol__ ma__ mlé__ a más__?

Na mlé__ ma__ ta__ sle__. Al__ ne ta__ dobr__ jak__ na pi__. Jed__n lit__ sto__ dvac__ kor__. A kd__ si koup__ dvac__ lit__, zaplat__ čty__ stov__. Neušetř__ n__!

Lektion 7

Buch S. 98

😊 **Beantworten Sie die Frage Kolik to stojí?:**

1	2	5
jeden dolar		
jedna koruna		
jedno euro		

Jeden banán stojí pět korun.	Kolik stojí pět banánů?	
Jedna žvýkačka stojí jednu korunu.	Kolik stojí dvě žvýkačky?	
Jedno mléko stojí dvanáct korun.	Kolik stojí tři mléka?	

Jeden oběd stojí sedm eur.	Kolik stojí čtyři obědy?	
Jedna jízdenka stojí sto eur.	Kolik stojí šest jízdenek?	
Jedno pivo stojí jedno euro.	Kolik stojí dvě piva?	

😊 **Tragen Sie in die erste Zeile die Kategorien „zählbar" und „nicht zählbar" ein. Wann verwendet man bei den Mengenangaben den Genitiv Singular und wann den Genitiv Plural? Beantworten Sie mit den blau gedruckten Wörtern die Frage Kolik ... si přejete?:**

kilo cukru	kilo citronů	kilo mouky	kilo malin	kilo másla	kilo jablek

litr, deset deka, láhev, balíček, trochu, sklenice, kousek, půlka, čtvrt kila, deci mléko, šunka, minerálka, majonéza, ocet, kompot, maso, chléb, tvaroh, víno olivy, rozinky, bonbony, oříšky, rajčata, jablka

Lektion 7 Buch S. 98

😊 **Was sagt die Verkäuferin = prodavačka? Was sagt die Kundin = zákaznice?**

Pro ?	Má ... ?
C si přeje ?	Shán ... .
Ješ ně pro ?	Potřeb ... .
An , jis .	Kde má ... ?
Samozřej .	Kol to sto ?

😊 **Ordnen Sie die Waren den Geschäften zu:**

jízdenka, sešit, mýdlo, známka, blok, šampon, zápalky, propiska, krém, cigarety, tužka, kartáček na zuby, los, guma, zubní pasta, noviny, lepidlo, kapesníky, časopis, fix, toaletní papír, plán města, obálka, pohlednice, parfém

trafika	papírnictví	drogerie
jízdenka = Fahrkarte	sešit = Heft	mýdlo = Seife

😊 **Besprechen Sie mit der Verkäuferin, wie viel was kostet – kolik co stojí:**

Jed mýdl stojí jedn eur .	Dv mýdl stojí ...	Pět mýd stojí ...
Jed kol stojí sto eu .	Dv kol stojí ...	Pět ko stojí ...
Jed lepidl stojí tři eu .	Čtyři lepidl stojí ...	Deset lepid stojí ...
Jed káv stojí jedn korun .	Tři káv stojí ...	Pět ká stojí ...
Jed tašk stojí jedn korun .	Dv tašk stojí...	Sto taš stojí ...
Jed propisk stojí sto kor .	Dv propisk stojí ...	Osm propis stojí ...
Jed sešit stojí jed dol .	Čtyři sešit stojí ...	Deset sešit stojí ...
Jed slovník stojí jed dol .	Tři slovník stojí ...	Sto slovník stojí ...
Jed los stojí tři dol .	Dv los stojí ...	Patnáct los stojí ...

Lektion 7

Buch S. 98

😊 Bilden Sie den Plural nach 2,3,4 und nach 5 - ∞

männlich belebt

1. F. Sg.	1. F. Plural	2. F. Plural	weiblich		
			1. F. Sg.	1. F. Plural	2. F. Plural
jeden student	dva studenti	pět studentů	jedna studentka	dvě studentky	pět studentek
jeden kamarád					
jeden doktor					
jeden obchodník					
jeden Čech					
jeden Rakušan					
jeden učitel					
jeden policista					

männlich unbelebt

1. F. Sg.	1. F. Plural	2. F. Plural	weiblich		
			1. F. Sg.	1. F. Plural	2. F. Plural
jeden knedlík	dva knedlíky	pět knedlíků	jedna palačinka	dvě palačinky	pět palačinek
jeden dolar			jedna žvýkačka		
jeden cent			jedna koruna		
jeden haléř			jedna miliarda		
jeden litr			jedna hodina		
jeden metr			jedna minuta		
jeden kilometr			jedna sekunda		
jeden tisíc			**sächlich**		
jeden milion			jedno pivo	dvě piva	pět piv
jeden den			jedno auto		
jeden týden			jedno kolo		
jeden měsíc			jedno euro		
jeden rok			jedno kilo		

Lektion 7

Buch S. 98

😊 **Sprechen Sie über Entfernungen = vzdálenosti:**

1   2   5

Jeden kilometr _____

Jak dlouhý je maraton?
_____

Jak daleko je odtud lékárna, nemocnice, nádraží, letiště?
_____

Kolik kilometrů je to z Hietzingu do Grinzingu?
Jsou to čtyři kilometry?
_____
_____
_____
_____

😊 **Sprechen Sie mit dem Sportarzt = sportovní lékař:**

Kolik je ti let?
_____

Kolik měříš?
_____

Kolik vážíš?
_____

Jak často trénuješ? (denně, týdně, měsíčně, ročně)
_____

Kolik cigaret kouříš denně?
_____

Lektion 8

Buch S. 114

😊 **Lesen Sie den Dialog und achten sie darauf, wie sich das Prädikat nach dem gezählten Subjekt/Objekt = predikát po počítaném subjektu/objektu verhält:**

Co je u tebe nového?

Založila jsem si soukromou školu.

Opravdu? To je úžasné! A kolik je tam tříd?

První rok byla jen jedna, druhý rok byly dvě … a teď po pěti letech máme pět tříd.

A kolik teď máte žáků?

V každé třídě je patnáct až dvacet žáků, celkem teď máme osmdesát osm dětí.

To je skvělé! A kolik učitelů tam učí?

Na začátku jsme byli jen čtyři, druhý rok nás bylo šest a teď tady pracuje dvanáct kolegů a kolegyň.

To je báječné! Přeju ti hodně úspěchů!

😊 **Beschreiben Sie die Schule, die Sie eimal besucht haben. Welchem Bild entspricht sie am ehesten? Kolik žáků tam chodilo? Kolik učitelů tam učilo?**

😊 **Füllen Sie die Lücken aus:**

Co je u tebe nov____?

Založila jsem si soukrom____ škol__.

Opravdu? To je úžasn__! A kolik je tam tří__?

Prvn__ rok byl__ jen jedn__, druh__ rok byl__ dv__ … a teď po pět__ letech máme pět tří__.
A kolik teď máte žák__?

V každé tříd__ je patná__ až dvac__ žák__, celkem teď máme osmdes__ osm dět__.

To je skvěl__! A kolik učitel__ tam uč__?

Na začátk__ jsme byl__ jen čtyř__, druh__ rok nás byl__ šest a teď tady pracuj__ dvan__ koleg__ a kolegy__.

To je báječn__! Přeju ti hodn__ úspěch__!

Lektion 8

Buch S. 118

😊 **Rechnen Sie und achten Sie dabei auf das Prädikat:**

1+0 je 1	jedna jahoda plus žádná jahoda je jedna jahoda
1+1 jsou 2	1 🍓 plus 1 🍓 jsou 2 🍓🍓
2+2 jsou 4	2 🍓🍓 plus 2 🍓🍓 _____ 4 🍓🍓🍓🍓
2+3 je 5	2 🍓🍓 plus 3 🍓🍓🍓 _____ 5 🍓🍓🍓🍓🍓
5+5 je 10	5 🍓🍓🍓🍓🍓 plus 5 🍓🍓🍓🍓🍓 _____ 10 🍓🍓🍓🍓🍓🍓🍓🍓🍓🍓

1+0   🍌

1+2

3+4

7+5

1+0   🍎

2+0

4+4

8+9

😊 **Lesen Sie das Rezept für Kartoffelpuffer = bramboráky.**
Achten Sie dabei auf die Regeln bei den Mengenangaben:

Kolik?	Čeho?	
špetka	sůl	špetka soli
10 ml	mléko	
na špičku nože	mletý černý pepř	
2-3 stroužky	česnek	
2	vejce	
špetka	majoránka	
150 ml	olej na smažení	
1 kg	brambory	
120 g	hladká mouka	

Příprava

Syrové brambory oškrábeme, omyjeme a nastrouháme.
Strouhané brambory ochutíme solí a pepřem. Přidáme vejce, majoránku a mouku.
Do tuku rozpáleného na pánvi klademe lžící připravenou bramborovou směs, kterou rozetřeme na placky a osmažíme po obou stranách dozlatova. Křupavé bramboráky podáváme teplé nebo studené.

Lektion 8

Buch S. 118

🙂 Bilden Sie Fragen und Antworten mit den vorgegebenen Wörtern:

Student: jeden – dva – deset – několik

Kolik je tady studentů?	Je tady jeden student.	Jsou tady dva studenti.	Je tady deset studentů.	Je tady několik studentů.
Kolik tady bylo studentů?	Byl tady jeden student.	Byli tady dva studenti.	Bylo tady deset studentů.	Bylo tady několik studentů.

Profesor: jeden – tři – osm – mnoho

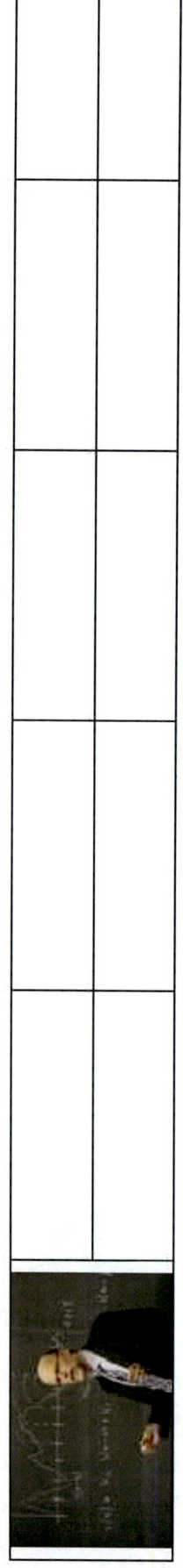

Učitelka: jedna – čtyři – patnáct – dost

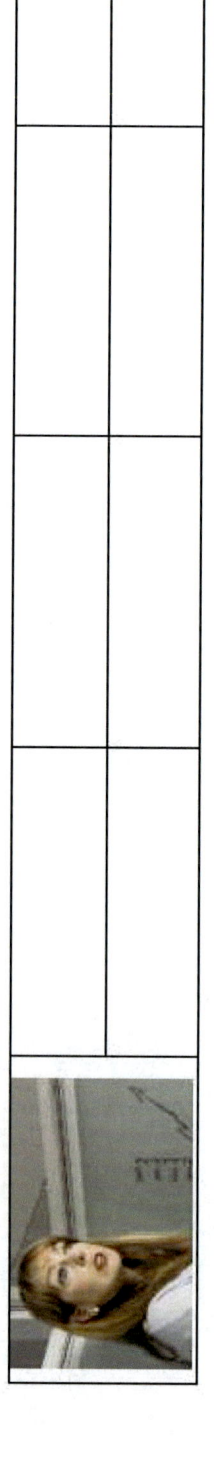

Zdravotní sestra: jedna – dvě – dvacet – více než včera

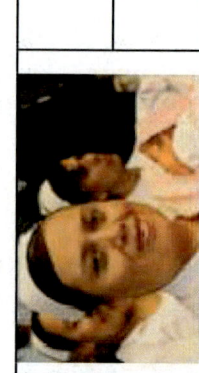

Lektion 8

Buch S. 119

😊 **Deklinieren Sie die Adjektive analog zu den Demonstrativpronomen. Vergleichen Sie die Deklination der harten und der weichen Adjektive:**

1.	ten vanilkový pudink	ta vanilková zmrzlina	to vanilkové mléko
2.	toho	té	toho
3.	tomu	té	tomu
4.	ten	tu	to
6.	tom	té	tom
7.	tím	tou	tím

1.	ten hovězí guláš	ta hovězí polévka	to hovězí maso
2.			
3.			
4.			
6.			
7.			

😊 **Beantworten Sie die folgenden Fragen mit den vorgegebenen Präpositionen und Ausdrücken:**

Kde je tady hospoda? + u, vedle, blízko, naproti, před, za, pod

dětská klinika		obchodní dům	
Komerční banka		základní škola	
gotická radnice		Jihočeské divadlo	
vinný sklep		policejní stanice	

Odkud jede náš autobus? + od, z

studentská kolej		zimní stadion	
Dlouhá ulice		hlavní nádraží	
Radniční náměstí		autobusové nádraží	

Kde jste byli na exkurzi? + v

Plzeňský pivovar		Česká Kanada	
Český Krumlov		Nové Město	
Kutná Hora		Horní Rakousko	

Lektion 8 Buch S. 115

😊 Tragen Sie die männlichen und weiblichen Formen der Bezeichnungen von Berufen = **povolání** in die Tabelle ein.
Achten Sie auf die verschiedenen Movierungssuffixe:

	M	F		M	F
Student	*student*	*studentka*	Techniker	*technik*	*technička*
Assistent			Jurist		
Professor			Politiker		
Lehrer			Historiker		
Arzt			Arbeiter	*dělník*	*dělnice*
Architekt			Bürokraft		
Verkäufer			Bauer		
Polizist			Kellner		

😊 Welche Berufe passen zu diesen Adjektiven?

inteligentní, šikovný, milý, sympatický, seriózní, přísný, chytrý, vzteklý, ochotný, nervózní, pilný, arogantní, nesympatický, elegantní, veselý, poctivý, energický, legrační, protivný, namyšlený, vlídný, kompetentní, neschopný, usměvavý

_____
_____
_____
_____

😊 Variieren Sie diesen Dialog mit verschiedenen Berufen und Eigenschaften:

Kdo je to?
Naše nová hostující lektorka.
Je sympatická.
Ano, to je pravda. A taky je velice inteligentní.

😊 Nennen Sie weitere Beispiele:

Zítra mám termín u šikovného zubaře, u …
Na kongresu jsem seděla vedle sympatické žurnalistky, vedle …
Ta kniha je od mladé nekonvenční spisovatelky, od …
Zeptám se té ochotné policistky, …
Zlobím se na toho arogantního bankovního úředníka, na …
Hledám nějakého kompetentního právníka, …

Lektion 8

Buch S. 115

😊 **Lesen Sie den Text, schreiben Sie alle Bezeichnungen von Berufen auf, die Sie darin finden, und fügen Sie die männliche bzw. weibliche Form hinzu:**

Nejméně prestižní povolání v Česku? Poslanec a uklízečka

Nejméně prestižní povolání v Česku jsou podle ankety CVVM poslanec a uklízečka, mezi nejexkluzivnější profese patří stabilně lékař, vědec a učitel na vysoké škole. Respondenti hodnotili celkem 27 profesí.

Povolání lékaře stojí dlouhodobě na prvním místě. Vědec je druhý, vysokoškolský pedagog je třetí, zdravotní sestra je čtvrtá a na pátém místě je tradičně učitel na základní škole.

Jako každý rok ukázal průzkum stabilně nízkou prestiž poslance a ministra.

___

😊 **Kommentieren Sie diese Rangliste = žebříček:**

Prestiž povolání v roce 20..	
1. lékař	14. obchodník
2. vědec	15. profesionální sportovec
3. profesor	16. manažer
4. zdravotní sestra	17. voják
5. učitel	18. novinář
6. soudce	19. dělník
7. projektant	20. bankovní úředník
8. programátor	21. prodavač
9. farmář	22. kněz
10. truhlář	23. sekretářka
11. starosta	24. číšník
12. policista	25. ministr
13. účetní	26. uklízečka
	27. poslanec

😊 **Machen Sie Ihre eigene Rangliste = žebříček:**

3 nejlepší 😊	3 nejhorší 😐
1.	1.
2.	2.
3.	3.

Lektion 8 Buch S. 120

😊 **Kommentieren Sie Annas Fotoalbum:**

To jsem já, když jsem chodila do 1. třídy.	Tady jsem chodila do 4. třídy.	A tady …	A tady …

😊 **Erzählen Sie über Ihre Schulzeit:**

Kolik let vám bylo, když jste začal(a) chodit do mateřské školky?

Ve kterém roce jste začal(a) chodit do 1. třídy základní školy?

Jakou učitelku jste měl(a) na 1. stupni základní školy (Volksschule)?

Od kdy do kdy jste chodil(a) na 2. stupeň základní školy (Hauptschule)?

Které předměty jste (ne)měl(a) rád(a) na 2. stupni?

Kolik let vám bylo, když jste začal(a) chodit na gymnázium / na střední školu?

Které předměty jste měl(a) ve kterém ročníku?

Ve kterém roce jste maturoval(a)?

😊 **Geben Sie ein genaues Datum an:**

Kdy jste se narodil(a)?

Kdy jste složil(a) maturitu?

Kdy jste začal(a) studovat slavistiku?

Kdy píšeme první test a kdy píšeme druhý test?

Kdy jedeme na exkurzi?

Od kdy do kdy jsou prázdniny?

Kdy se chcete vdávat / ženit? 😉

😊 **Sprechen Sie über die „Fälle" im Tschechischen:**

… pád se nazývá … . Ptáme se na něj otázkami … a … .

| volný pád | vodopád | listopad | západ | odpad | nápad |

Lektion 8

😊 **Hören Sie sich dieses Lied an und denken Sie über die Bedeutung der Konjunktion až nach:**

Až – Katapult 1980

Až se bude psát rok dva tisíce šest
Až se všichni přestěhujem do obrovských měst
Až dálnicí zeměkouli opředem
Až budem pyšni na všechno, co dovedem

R: Pak bude možná pozdě na to chtít se ptát:
Co děti, mají si kde hrát?

Až suroviny budem vozit z Měsíce
Až počasí bude řídit družice
Až budem létat na Venuši na výlet
Až za nás budou počítače přemýšlet

R: Pak bude možná pozdě na to chtít se ptát:
Co děti, mají si kde hrát?

Až budeme mít továrny i na stromy
Až umělá tráva bude před domy
Až zavládne v celém světě blahobyt
Až budem umět skoro všechno vyrobit

R: Pak bude možná pozdě na to chtít se ptát:
Co děti, mají si kde hrát?

😊 **Welche weiteren Bedeutungen kann das Wort až haben?**

Přijdu, **až** budu mít čas. Udělám to, **až** se mi bude chtít.
Skončíme, **až** budeme hotoví.

Přijdu **až** večer. Udělám to **až** zítra. Skončilo to **až** včera.

Trvalo to (**až**) do středy. Čekala jsem (**až**) do osmi. Zůstaneme (**až**) do konce.

Došli jsme (**až**) do centra. Jděte (**až**) na konec ulice. Jeďte (**až**) ke křižovatce.

Otvírací hodiny: pondělí **až** pátek osm **až** patnáct.

Přišli všichni **až** na strýce. Test napsali všichni dobře, **až** na jednoho studenta.

Lektion 8

Buch S. 120

☺ **Finden Sie heraus, in welchem Tempus die Konjunktionen když, jestli, jestliže, až welche Bedeutung haben:**

Zeit	Dt.Bdtg.		Übersetzung
		Jestli(že) bude mít František chuť, půjdeme s ním na pivo.	
		Když bude mít František chuť, půjdeme s ním na pivo.	
		Až bude mít František chuť, půjdeme s ním na pivo.	
		Jestli(že) má František chuť, můžeme s ním jít na pivo.	
		Když má František chuť, můžeme s ním jít na pivo.	
		Když měl František chuť, šli jsme s ním na pivo.	

☺ **Bilden Sie Sätze mit den Konjunktionen když, jestli, jestliže, až und mit den vorgegebenen Wörtern:**

kamarádi – čas – jet na výlet
přítel/kyně – peníze – jít nakupovat oblečení
šéf – dobrá nálada – poprosit ho o vyšší plat
počasí – udělat si piknik v parku

Nevíš, …….. má Jarda chuť jít na pivo? Zeptám se Jardy, …….. má chuť jít na pivo.
Uvidíme, …….. má Jarda chuť jít na pivo.

90

Lektion 8

Buch S. 128

😊 **Ergänzen Sie die fehlenden Wörter in den Dialogen und führen Sie ähnliche Dialoge:**

Na nádraží v informacích
Kdy jede další _____ do _____?
V _____ dopoledne.
Jede nějaký vlak také _____?
Samozřejmě. Jeden jede v _____ a další v _____.
Děkuju.

vlak – sedmnáct čtyřicet – devět dvacet – odpoledne – patnáct deset – Plzně

U okénka
Jednu jízdenku do _____, prosím.
Jenom _____, nebo i _____?
Jenom _____, prosím.
Prosím, tady je. _____ korun, prosím.

devadesát – tam – Ostravy – tam – zpáteční

Na nástupišti
Prosím vás, z kterého _____ jede _____ do _____?
Z _____. Ale má asi _____ minut zpoždění.
To musím tedy _____ čekat. Je tady nějaká _____?
Ano, na konci _____ nástupiště.
Budu tam slyšet _____ _____?
Myslím, že ano.

restaurace – pátého – nástupiště – šedesát – prvního – vlak – Českých Budějovic – hodinu – nádražní rozhlas

Nádražní rozhlas
_____ _____ číslo _____ do Olomouce právě přijíždí na _____ nástupiště.
Omluvte jeho _____. Vlak odjede za _____ minut.
Nastupujte prosím!

Pozor! Na _____ číslo _____ _____
RJ číslo _____ z _____.

pět – páté – osobní vlak – Vídně – šest – padesát sedm třicet dva – zpoždění – nástupiště – přijíždí – sedmdesát devět